电子商务基础

主　编　沈凤池　来立冬
参　编　梁　静

北京理工大学出版社
BEIJING INSTITUTE OF TECHNOLOGY PRESS

版权专有　侵权必究

图书在版编目(CIP)数据

电子商务基础 / 沈凤池，来立冬主编 .—北京：北京理工大学出版社，2020.9

ISBN 978-7-5682-8890-3

Ⅰ. ①电… Ⅱ. ①沈…②来… Ⅲ. ①电子商务 Ⅳ. ① F713.36

中国版本图书馆 CIP 数据核字 (2020) 第 146523 号

出版发行	／北京理工大学出版社有限责任公司
社　　址	／北京市海淀区中关村大街 5 号
邮　　编	／100081
电　　话	／（010）68914775（总编室）
	（010）82562903（教材售后服务热线）
	（010）68948351（其他图书服务热线）
网　　址	／http://www.bitpress.com.cn
经　　销	／全国各地新华书店
印　　刷	／定州市新华印刷有限公司
开　　本	／787 毫米 ×1092 毫米　1/16
印　　张	／12.5
字　　数	／273 千字
版　　次	／2020 年 9 月第 1 版　2020 年 9 月第 1 次印刷
定　　价	／37.00 元

责任编辑／张荣君
文案编辑／代义国　张荣君
责任校对／周瑞红
责任印制／边心超

图书出现印装质量问题，请拨打售后服务热线，本社负责调换

随着互联网时代的到来与电子商务的蓬勃发展，电子商务细分化已成为一种趋势，衍生了电子商务技术开发、电子商务运营与管理、网络编辑、网络营销、跨境电商及移动电商等，同时互联网思维也不断渗透到各行各业中。电子商务的应用改变了生产、流通及消费等各个领域，出现了网络金融、旅游电商与农村电商等专业与发展方向。

本书通过对电子商务理论、网店开设、网店日常管理的介绍，向非专业人员普及电子商务理论知识，帮助非电子商务专业人员体验与应用电子商务，实现网络创业。

本书共7章内容，结构如下图所示，并提供配套的教学课件与教学视频。

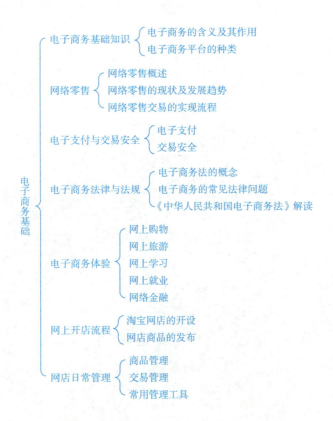

本书的主要特色如下。

1. 鲜明的时代性

本书内容着力凸显时代感与现代性，融入了最新的电子商务发展状况，同时又不因此而影响知识的系统性和逻辑性，既有完整的电子商务知识体系，又十分注重电子商务实践动手能力的培养。

2. 受众的广泛性

本书内容主要针对非电子商务专业人员，浅显易懂，并且具有可实践操作，读者可以通过对本书内容的学习全面认识电子商务，结合自身专业实现网络创业。

本书各章由知识目标、技能目标、知识导图、案例导入、知识回顾、课后练习、拓展阅读等模块组成，以期巩固学习内容，启发学生思维。本书建议用72学时教学，第1章8学时，第2章10学时，第3章8学时，第4章9学时，第5章11学时，第6章12学时，第7章14学时。

本书在编写过程中得到多位专家与教师的支持和帮助，在此表示衷心感谢。由于时间仓促，书中难免有不足之处，望各位读者批评指正。

编者
2019 年 12 月

目录

第1章　电子商务基础知识　1
1.1　电子商务的含义及其作用　3
1.2　电子商务平台的种类　13

第2章　网络零售　34
2.1　网络零售概述　38
2.2　网络零售的现状及发展趋势　43
2.3　网络零售交易的实现流程　49

第3章　电子支付与交易安全　53
3.1　电子支付　55
3.2　交易安全　68

第4章　电子商务法律与法规　82
4.1　电子商务法的概念　84
4.2　电子商务的常见法律问题　87
4.3　《中华人民共和国电子商务法》解读　95

第5章　电子商务体验　108
5.1　网上购物　110
5.2　网上旅游　115
5.3　网上学习　117
5.4　网上就业　125
5.5　网络金融　129

第 6 章　网上开店流程 ······ 141
6.1　淘宝网店的开设 ······ 142
6.2　网店商品的发布 ······ 155

第 7 章　网店日常管理 ······ 169
7.1　商品管理 ······ 172
7.2　交易管理 ······ 181
7.3　常用管理工具 ······ 183

参考文献 ······ 193

第 1 章 电子商务基础知识

随着计算机网络技术的重大突破，商业化的国际互联网（Internet）诞生，为电子商务在全球的创立与发展提供了一个必不可少的网络平台，从而实现了海量信息的快速传递，也促进了网络营销等各种新型的电子商务的发展。

【知识目标】
1. 了解电子商务的含义及其作用。
2. 了解电子商务平台的种类。

【技能目标】
1. 能够正确认识电子商务，有学习电子商务的热情。
2. 对电子商务未来发展趋势有正确的认识。

【知识导图】

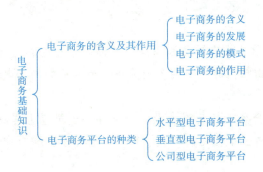

案例导入

"苏宁发展20年，建了一个可容纳10000人办公的总部，苏宁易购发展两年，就建成一个可容纳20000人办公的总部，什么叫一个在天上，一个在地下。"孙为民在微博里如此感叹。

一、苏宁易购的特征

苏宁易购是苏宁电器下新一代B2C网上购物平台,现已覆盖传统家电、3C电器(计算机产品、通信产品和消费类电子产品)、日用百货等品类。2011年,苏宁易购强化虚拟网络与实体店面的同步发展,不断提升网络市场份额。之后,苏宁易购依托强大的物流、售后服务及信息化支持,继续保持快速发展;到2020年,苏宁易购计划实现3000亿元的销售规模,成为中国领先的B2C平台之一。

苏宁易购的发展有三个定位:一是多元化经营的平台,即"去电器化",产品品类得以延伸;二是营销转型变革的平台,以商品为核心,以顾客为导向,以自营为方向;三是科技转型的平台,打造智慧苏宁。其他的B2C平台中,天猫脱身于淘宝(C2C),走纯平台化的B2C之路;京东依靠资金驱动,自建物流,获得了迅速的发展,是综合类纯电商;国美类似于苏宁的做法,都是传统零售企业进军线上,且都打算不止做3C家电,而要扩充品类。

由此归纳苏宁易购的特征:区别于天猫、京东等纯电商,苏宁易购得益于苏宁电器实体的大力支持,将来要与苏宁电器实体共同发展。苏宁易购是"大苏宁"战略重要的一部分,是传统家电零售转型。苏宁的融合战略为(3C+百货)×(实体店+网购)的新经营模式。苏宁易购的优势依旧是产品、物流和服务,尤其是强大的实体物流配送网络和售后服务网络给消费者带来的优质服务,是苏宁易购区别于传统B2C企业的特征和最核心的竞争力。

二、苏宁易购快速发展的原因

1.苏宁电器强大的品牌支持

全国实体网络给予了苏宁易购远超同行的品牌信誉度和信赖感,因为这项最宝贵的资源,消费者有理由相信苏宁易购会成为中国最专业的网购电器专家。

2.苏宁电器强大的资金支持

苏宁电器强大的资金支持是很多做电子商务的公司望尘莫及的。苏宁电器全国传统市场上千个实体店和上千亿元的年销售额足以让苏宁易购有在电子商务3C市场称霸的底气。

3.采购优势、价格优势

依托于上千亿元的采购平台,苏宁易购与国内外各大厂商建立了直接的合作关系,借助强大的供应链支撑,保证在同类型家电网购渠道中具有绝对价格优势,同时产品的质量也有严格的保证。

4.物流配送、售后服务等服务优势

苏宁易购与实体店系统共享全国94个大件商品仓库,此外苏宁还建有10个小件商品仓库,可实现商品自动存储和分拣,在部分地区实现网上订单半日达或次日达。苏宁全国1700余家实体店和2000余个售后服务网点实现与苏宁易购对接,成为苏宁

易购订单商品的自取点和配送点，大幅节约物流成本。

在物流配送方面，苏宁易购是有先天优势的，实体店能提供实际的体验或提货，也能参与配送，实体店的存在给客户带来更多的信赖和认可；同时，苏宁实体店在全国的布局意味着它有符合全国布局的物流体系和仓库。可以说，共享实体的物流体系是苏宁易购快速成长的主要原因。京东商城、亚马逊等的 B2C 商城要把服务做好，需要斥巨资建设物流中心，这种完全依托网络的商城是不可能建设像苏宁这么多的物流中心和服务网点的，相比之下，它们所需投入的资金和面临的风险要比苏宁易购大很多。

5. 与 IBM 等企业达成战略合作关系，并提供技术支持

京东、亚马逊这些老牌 B2C 平台经过数年的发展，网站系统已经比较成熟，苏宁易购由 IBM（国际商用公司）提供技术支持，相信未来也能够发展成熟。

思考：苏宁易购是苏宁电器集团的新一代 B2C 网上商城，网上商城属于电子商务，那什么是电子商务呢？文中提到了 B2C 网站，那什么是 B2C 呢？还有其他类型的电子商务网站吗？

1.1　电子商务的含义及其作用

1.1.1　电子商务的含义

电子商务的产生是 20 世纪世界经济与社会发展发生重大变化的结果，是经济全球化与社会信息化两大基本趋势发展的结果。它们推动着资本经济转变为信息经济和知识经济，强烈地影响着国际经济贸易环境，加快了世界经济结构的调整与重组，不仅对商务的运作过程和方法产生了巨大的影响，甚至对人类的思维方式、经济活动方式、工作方式和生活方式也产生了重要影响，这种影响直接催生了电子商务。

电子商务指的是利用微电脑技术和网络通信技术进行的商务活动。各国政府、学者、企业界人士根据自己所处的地位和对电子商务参与的角度与程度，给出了许多不同的定义，但其关键依然是依靠电子设备和网络技术进行的商业模式。本书不对上述定义做详细介绍，只就电子商务的含义做具体分析。

电子商务有狭义和广义之分。狭义的电子商务是主要利用 Web 在网上进行交易，称作电子交易（E-commerce）；广义的电子商务包括基于 Web 的全部商业活动，称作电子商业（E-business），也就是企业利用计算机网络来开展的商务活动，或者说是网络化的商务活动。电子商务是一种不同于传统商业运营的新型商业运营模式，是随着互联网的发展

而发展起来的。它通过互联网实现企业、商户及消费者的网上购物、网上交易及在线支付等一系列商务活动。

电子商务的具体含义可以从以下三个方面来理解。

1. 参与对象

只要具有商务行为能力，就可以成为电子商务的主体，如供应商、销售商和消费群体。如果政府职能部门是消费者或者在商务活动中有实质性的参与，也同样属于电子商务的参与对象。另外，在线支付系统在电子商务活动中也扮演着重要角色，其主要成员就是网上银行、第三方支付服务提供商等。它是电子商务的重要环节，使网上支付成为可能。总的来看，电子商务的行为主体众多且复杂。

2. 技术手段

电子商务是利用计算机技术、远程通信技术和信息技术，实现电子化、数字化和网络化、商务化的整个商务过程。因此，电子商务的技术手段主要从以下三个方面理解：

首先是计算机技术，其高超和完备的数据处理能力和信息处理能力使得各种商务活动得以自动实现且快速准确完成。

其次是远程通信技术，包括通信技术、计算机网络技术和无线网络技术，是整个电子商务实现的基础和纽带。

最后是信息技术，包括信息表示技术和信息处理技术。信息表示技术是企业信息化进程的核心技术，是企业由传统的商务模式向现代电子商务模式过渡的重要手段。而信息处理技术应用于电子商务的各个环节，如信息的收集、筛选、存储、传播和更新等。

3. 商务活动

随着电子商务的高速发展，它已不仅包括购物的主要内涵，还包括电子货币交换、供应链管理、电子交易市场、网络营销、在线事务处理、电子数据交换（EDI）、存货管理和自动数据收集系统等服务。因此，这里所提到的商务活动既包括企业或商家内部的管理和控制，也包括合作伙伴的选择、合作伙伴之间关系的处理和客户关系管理等。

总之，电子商务不仅是一种贸易的新形式，从本质上来说，它也是一种业务转型：它正在从包括企业竞争和运作、政府和社会组织的运作模式、教育及娱乐方式等各方面改变着人类相互交往的方式和关于各种生活细节的思维、观念。电子商务可以帮助企业接触新客户，增加客户的信任度，使企业合理运作和以更快的方式将产品和服务推向市场；帮助政府更好地为更多的市民服务，并因此提高公众对政府的满意度；更新人类的消费观念和生活方式，改变人与人之间的关系。

1.1.2 电子商务的发展

网络技术为商务世界提供了方便快捷的信息传递方式，形成了电子商务。因此，电子商务的发展有其必然性和可能性。一方面，传统商业以手工处理信息为主，并且通过纸上的文字交换信息。但是，随着处理和交换信息量的剧增，该过程变得越来越复杂，这不仅增加了重复劳动量和额外开支，也可能产生更多的出错机会。在这种情况下，需要一种更加便利和先进的方式来快速交流和处理商业往来业务。另一方面，计算机技术的发展及其广泛应用和先进通信技术的不断完善及使用，导致了 EDI 和互联网的出现与发展，全球社会迈入了信息自动化处理的新时代，这又使得电子商务的发展成为可能。在必然性和可能性的推动下，电子商务得到了较快发展。

总体来说，我国电子商务的发展过程大致可分为四个阶段：

（1）第一阶段（1990—1997 年），电子商务雏形期，即以政府为主导的电子商务基础建设和应用阶段。

从 20 世纪 90 年代开始，为了加快改革开放的步伐，经济发展的重要方面——对外贸易寻求与国际标准接轨。EDI 应用被列入国家"八五"科技攻关项目，国务院牵头组织成立了中国 EDIFACT 委员会，并参加亚洲 EDIFACT 理事会。（EDIFACT——行政管理、商务与运输用电子资料交换，是联合国欧洲经济委员会开发并制定的 EDI 方面的标准规范的统称，是一个多重工业 EDI 标准。）

1993 年底，中国正式启动了国民经济信息化的起步工程——"三金工程"。"三金工程"的目标是建设中国的"信息准高速国道"。此后，国家启动了一系列"金"字工程，包括金智工程、金企工程、金税工程、金通工程、金农工程、金图工程、金卫工程等。

这一阶段，我国国际互联网的建设还处于起步阶段，政府部门、科研院所、大型国有企业等通过专线的方式进行互联网接入，计算机还不普及。个人互联网用户数极少，主要通过调制解调器进行窄带接入，上网速度慢，费用高昂，网上中文资源少，电子商务的大规模应用条件还不具备。

（2）第二阶段（1998—2001 年），电子商务发展期，进入以互联网企业为主导的电子商务应用阶段。

1996 年底中国上网人口只有 10 万；1997 年底超过 60 万；1998 年中国互联网信息中心的统计显示，到 6 月底已经达到 117.5 万，其中直接上网用户 32.5 万，拨号上网用户 85 万。中国上网用户的增长速度远远超过了全球的平均水平。

1998 年，美国互联网电子商务应用的浪潮影响到了我国，国内出现了很多专业的互联网公司。1998 年后来被人们称为"互联网元年"，这一年，新浪、搜狐、网易、阿里巴巴等日后风光无限的互联网公司开始起步。

1998 年国内电子商务还处于起步阶段，而 1999 年尤其是进入下半年以后，中国的 ICP（网络内容服务商）和 ISP（互联网服务提供商）等网络服务商开始大举进入电子商务领域，新的电子商务网站和电子商务项目猛然间急剧增加，令人目不暇接，几乎每天都有各类电子商务信息咨询网站、网上商店、网上商场、网上商城、网上邮购、网上拍卖的站点诞生，8848、易趣等知名网站建立。

1999 年中国电子商务的主角已经变成了电子商务企业、电子商务网站和致力于电子商务项目的机构。1999 年的发展表明，中国电子商务已经开始由表及里、从虚到实，从

宣传、启蒙和推广进入广泛而务实的发展阶段。

2000年上半年，几大门户网站在海外上市，引起了中国电子商务进一步的"虚火上攻"。受全球经济总体形势的影响，2001年世界IT（Information Technology，信息技术）业首次遭遇了严重挫折，网络经济也不例外。

根据中国互联网络信息中心（CNNIC）的调查，截至2001年12月31日，我国网民为3370万人，比2001年同期增长了49.8%，绝对数量已经相当于欧洲大部分国家的平均人口数量。即便如此，网民占我国全体人口的比例还不足2.6%，这表明今后增长潜力巨大。从网上消费者的现实情况来看，2001年，通过网络商店消费的用户比例为31.60%，与2000年同期持平。这表明一年来中国的网络用户并没有离开电子商务，半数以上的用户仍然认为网上购物是将来最有希望的网上事业，表明中国网络用户对网上购物事业充满信心。

（3）第三阶段（2002—2009年），电子商务稳定发展期，进入恢复后的加速发展阶段。

纵观2002年，全球电子商务"由阴转阳"，显示出旺盛的生命力，交易额持续增长。跌入低谷的中国电子商务终于迎来了反弹的大好机会。无论是从硬件、软件、法制环境来看，还是从政府及国内外厂商的努力表现来看，中国电子商务都一扫颓势，显示出健康、蓬勃的一面。

2002年开始，我国B2C市场发展迅速，企业自建与第三方平台大量涌现，投资者的关注度显著提高。随着2007年兴起的一波风投引资热潮，B2C电子商务无疑成了当时IT业内关注度较高的话题之一。2008年中国电子商务B2C市场交易额达到1776亿元，同比增长51.4%，种种迹象表明B2C迎来了前所未有的快速发展期，预计B2C将成为电子商务行业的新引擎。

2009年，中国电子商务市场继续保持了稳定增长的势头，同时随着中央经济会议精神出台，电子商务对国家整体经济发展与调整的支撑作用日益明显。电子商务成为企业与国际接轨、提升竞争力的关键因素。电子商务向行业的渗透逐步显现出来，电子商务与搜索的融合趋势被人们广泛关注。

从整体市场来看，行业中的巨头服务商纷纷涉足不同的交易模式，从而进一步打破了B2B、B2C和C2C之间的界限，同时政府对电子商务发展逐渐重视，行业融合与政府主导成了2009年电子商务市场的主旋律。

（4）第四阶段（2009年至今），电子商务成熟期。自2009年之后，在B2B领域，阿里巴巴继续加强区域中心建设，依然保持市场绝对主导者的地位；在B2C领域，随着电子商务支持体系的不断完善，企业电子商务在政府扶持下重新焕发生机；在C2C领域，淘宝继续巩固市场领先位置，新型的基于地区专业市场的平台有望对原有的第三方C2C平台形成竞争。2009年，行业电子商务得到迅猛发展，化工、纺织、房地产、保险等领域都涌现出了一批具有竞争力的优秀的电子商务平台。

"十二五"时期，我国电子商务行业发展迅猛，产业规模迅速扩大，电子商务信息、交易和技术等服务企业不断涌现。

2010年我国电子商务市场交易额已达4.5万亿元，同比增长22%。2011年我国电子商务市场交易总额再创新高，达到5.88万亿元，其中中小企业电子商务交易额达到3.21万亿元。2012年我国电子商务市场交易规模达7.85万亿元，同比增长30.83%，其中网络零售交易规模达1.32万亿元。2013年我国电子商务交易额突破10万亿元，同比增长26.8%，其中网络零售额超过1.85万亿元，同比增长41.2%，占社会消费品零售总额的比重达到7.8%。2014年我国电子商务交易额（包括B2B和网络零售）达到了13万亿元，同比增长25%。

为了保证电子商务的成熟发展，中华人民共和国国家发展和改革委员会2013年5月28日表示，13个部门将出台系列政策措施，从可信交易、移动支付、网络电子发票、商贸流通和物流配送五个方面支持电子商务发展。

在可信交易方面，国家工商总局会（现为国家市场监督管理总局）会同有关部门，推进电子商务交易主体、客体和交易过程中基础信息的规范管理和服务；国家质量监督检验检疫总局（现为国家市场监督管理总局）也着力研究建立电子商务交易产品基础信息的规范化管理制度，建立基于统一产品编码体系的质量公开制度；商务部着力推进信用监测体系的建设。

在移动支付方面，中国人民银行正在针对当前移动支付快速发展的需求，研究制定移动支付发展的具体政策，引导商业银行、各类支付机构实施移动支付的金融行业标准。

在网络电子发票方面，国家税务总局正在进一步研究推进网络电子发票试点，完善电子发票的管理制度和标准规范；财政部研究完善了电子快捷档案的管理等一系列的规章制度。

在商贸流通领域，商务部会同有关部门进一步完善交易、物流配送、网络拍卖领域的电子商务应用的政策、管理制度和标准规范。

在物流配送方面，国家邮政局正在重点研究建立重点地区快递准时通报机制，健全电子商务配送系列保障措施，同时创新电子商务快递服务机制。

1.1.3　电子商务的模式

在电子商务带来的流通变革中，交易模式的变革是较为显著的变革之一。所谓交易模式是指由交易活动的基本形态、运行原则和内在机制所构成的抽象表达。可以说，它是交易活动的基本模式、常规性运行方式、运行原则和运行机制的基本形态。当前普遍使用的电子商务分类标准是按照参与交易的主体来划分的，在这种标准下电子商务的交易模式分为以下几种。

1. B2B交易模式

企业与企业之间的电子商务，即B2B（business to business）电子商务。企业与企业之间通过互联网进行产品、服务及信息的交换，包括企业与供应商之间的采购，企业与产品批发商、零售商之间的供货，企业与仓储、物流公司的业务协调等。具体交易过程包括发布供求信息,订货及确认订货,支付过程,票据的签发、传送和接收,确定配送方案并监控配送过程等。目前,世界上80%的电子商务交易额是在企业之间完成的,而不是在企业和消费者之间完成的。

B2B包括非特定企业间的电子商务和特定企业间的电子商务。非特定企业间的电子商务是在开放的网络中为每笔交易寻找最佳伙伴,与伙伴进行从定购到结算的全部交易行为。这里,虽然非特定占多数,但由于加入该网络的只限于需要这些商品的企业,可以设想是限于某一行业的企业。不过,它不以持续交易为前提,不同于特定企业间的电子商务。特定企业间的电子商务是在过去一直有交易关系或者今后一定要继续进行交易的企业间,为了相同的经济利益,共同进行的设计、开发或全面进行市场及库存管理而进行的商务交易。企业可以使用网络向供应商订货、接收发票和付款。B2B在这方面已经有了多年运作历史,使用的效果也很好,特别是通过专用网络或增值网络实现了电子数据交换(EDI)。

例如,1688平台(www.1688.com)就是一个专门服务于企业对企业贸易的网站。各个企业客户都可以在该网站上找到合适的合作对象,进行采购或销售、接受合同等单证和付款业务。

2. B2C 交易模式

企业与消费者之间的电子商务,即B2C(business to customer)电子商务。B2C类电子商务主要应用于商品零售业,包括面向普通消费者的网上商品销售(网上购物)和网上电子银行业务(存款业务、取款业务和货币兑换业务等)。它类似于联机服务中进行的商品买卖,是利用计算机网络使消费者直接参与经济活动的高级形式。这种形式基本等同于电子化的零售,是随着WWW(万维网)的出现迅速发展起来的。目前,在互联网上遍布各种类型的商业中心,提供从鲜花、书籍到计算机、汽车等各种消费商品和服务。传统商家都根据各自销售商品的经验使用电子商务平台进行此类商务活动。

B2C是目前发展非常迅速的一个领域,也是电子商务的一个新的增长点。B2C是我国最早产生的电子商务模式,以8848网上商城正式运营为标志;到目前为止,B2C市场上成功的企业有天猫商城、京东商城、当当网、1号店、亚马逊、苏宁易购、国美在线等。

3. C2C 交易模式

消费者与消费者之间的电子商务,即C2C(consumer to consumer)电子商务。简单地说就是消费者本身提供服务或产品给其他消费者。

在电子商务的运营模式中,C2C模式由于其用户参与性强、灵活方便等特点,表现出了很强的发展潜力。C2C电子商务平台就是通过为买卖双方提供一个在线交易平台,使卖方可以在上面发布待出售的物品信息,而买方可以从中选择、购买。同时,为便于买卖双方交易,C2C电子商务平台提供交易所需的一系列配套服务,如协调市场信息汇集、建立信用评价制度、多种付款方式等。

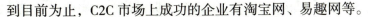

到目前为止，C2C 市场上成功的企业有淘宝网、易趣网等。

4. B2G 交易模式

企业与政府之间的电子商务，即 B2G（business to government）电子商务。这种商务活动覆盖企业与政府组织间的各项事务，包括政府采购、税收、商检、管理条例发布以及法规政策帮助等。

在该交易模式中，政府一方面作为消费者，可以通过互联网发布自己的采购清单，公开、透明、高效、廉洁地完成所需物品的采购；另一方面，政府对企业宏观调控、指导规范、监督管理的职能通过网络电子商务方式能更充分、及时地发挥。借助网络其他信息技术，政府职能部门能及时、全面地获取所需信息，做出正确决策，做到快速反应，迅速、直接地将政策法规及调控信息传达给企业，起到管理与服务的作用。在电子商务中，政府还有一个重要的作用，就是对电子商务的推动、管理和规范。

总之，在电子商务中政府有两重角色：既是电子商务的使用者，进行购买活动属商业行为；又是电子商务的宏观管理者，对电子商务起着扶持和规范的作用。对企业而言，政府既是电子商务中的消费者，又是电子商务中企业的管理者。

5. C2B 交易模式

消费者与企业之间的电子商务，即 C2B（customer to business）电子商务。C2B 模式最先由美国流行起来，其核心是采用消费者主动的方式，通过聚合分散分布，使数量庞大的用户形成一个强大的采购集团，以此来改变 B2C 模式中用户一对一出价的弱势地位，使其享受以大批发商的价格买单件商品的利益。这一模式改变了原有生产者（企业和机构）和消费者之间的关系，帮助消费者和商家创造了一个更加省时、省力、省钱的交易渠道。

6. ABC 交易模式

代理商、商家与消费者之间的电子商务，即 ABC（agent、business、consumer）电子商务。ABC 交易模式是新型电子商务模式的一种，它是由代理商、商家和消费者共同搭建的集生产、经营、消费为一体的电子商务平台。三者之间可以转化，相互服务、相互支持，你中有我，我中有你，真正形成一个利益共同体。

7. B2B2C 交易模式

B2B2C（business to business to customers）是一种新的网络通信销售方式，第一个 B 指广义的卖方（成品、半成品、材料提供商等），并不仅仅局限于品牌供应商、影视制作公司和图书出版商，任何的商品供应商或服务供应商都能可能成为第一个 business；第二个 B 是 B2B2C 模式的电子商务企业，通过统一的经营管理对商品和服务、消费者终端同时进行整合，是广大供应商和消费者之间的桥梁，为供应商和消费者提供优质的服务，是互联网电子商务服务供应商。C 表示在第二个 B 构建的统一电子商务平台购物的消费者。

B2B2C 是目前 B2B、B2C 模式的演变和完善，把 B2C 和 C2C 完美地结合起来，通过

B2B2C 模式的电子商务企业构建自己的物流供应链系统，提供统一的服务。它把"供应商→生产商→经销商→消费者"各个产业链紧密连接在一起。整个供应链是一个从创造增值到价值变现的过程，把从生产、分销到终端零售的资源进行全面整合，不仅大大增强了网商的服务能力，更有利于客户获得增加价值的机会。该平台将帮助商家直接充当卖方角色，把商家直接推到与消费者面对面的前台，让生产商获得更多的利润，使更多的资金投入到技术和产品创新上，最终让广大消费者获益。

8. O2O 交易模式

线上线下共同交易模式，即 O2O（online to offline）电子商务交易模式。O2O 是新兴起的一种电子商务新商业模式，即将线下商务的机会与互联网结合在了一起，让互联网成为线下交易的前台。这样线下服务就可以在网上寻找消费者，然后将他们带到现实的商店中。它是支付模式和为店主创造客流量的一种结合，实现了线上的购买，线下的服务。它本质上是可计量的，因为每一笔交易（或者是预约）都发生在网上。这种模式应该说更偏向于线下，更利于消费者，让消费者在消费时感到踏实。

1.1.4 电子商务的作用

大多数的同学都有网购的经历，请你举例谈一谈电子商务的出现给你的生活带来了哪些方面的便利。

随着互联网商务应用的不断拓展和电子商务更加理性的发展，互联网商务应用模式和电子商务应用模式越来越成熟。电子商务作为新的、先进的生产力，正以其无比强大的生命力推动着人类历史上继农业革命、工业革命之后的商业革命——第三次产业革命。它直接作用于商贸流通，间接作用于生产、科研和创新。

1. 电子商务对企业的作用

（1）电子商务改变了厂家的采购方式。

从厂家的生产流程来看，电子商务不仅改变了厂家的"出口"端，而且对"入口"端也有巨大的影响。因为更容易"货比三家"，所以，更有利于厂家找到合适的、物美价廉的原材料和零部件，更有利于找到合适的合作伙伴，降低采购的交易费用。从而迫使企业的采购方式和组织发生相应的变化，并影响企业与供应商的战略联盟的建立。

（2）电子商务改变了企业资金筹措的操作手段。

电子商务改变了企业资金筹措的部分手段，如作为资本市场一部分的股票与债券市场早已电子化了。而且人们早就已经知道了基于计算机网络的资本交易在规则不完善或控制上有疏漏时的巨大破坏力。而作为企业资金筹措的另一个重要来源的商业银行也正在由于计算机技术和网络技术的发展而发生着巨大的变革。网络银行的出现完全改变了企业资金操作的手段，降低了操作的成本，企业财务管理的部分规则也随之发生变化。例如，在银行授信额度内，发出借款信息的时机选择、有关还款数量与时间的决策技术等，由于操作手段的更新而改变，进一步降低了成本、提高了利润。

（3）电子商务改变了厂家的营销方式。

网络广告的传播范围更为广泛，平均费用大为降低，厂商的广告方式也随之改变。电子商务也成为塑造品牌的方式，不知名品牌进入市场的机遇比传统的营销方式更多，原有品牌的市场优势也发生了变化。

（4）电子商务改变了企业的销售组织方式。

从接订单到资信的确认或收款的确认，再到货物的准备和发送等一系列工作流程都发生了变化，运输体系、运输组织方式和相应的存储方式也因电子商务而再造。电子商务改变了和正在改变着客户的管理方式，即客户的消费特征可以在网上直接被记录，并可以由一定的软件统计分析，使厂商可以为客户提供更好的服务。

（5）电子商务改变了整个流通环节。

传统的"厂家—批发—零售—消费者"的方式正在被打破，厂家与消费者直接面对面的方式正在形成，新的物流配送体系已经形成。由于电子商务的逐渐普及，传统的商业中介有的要消亡，有的要改进，有的流通组织则要创新。

（6）电子商务改变了厂家生产组织和生产过程的管理方式。

生产过程的组织与管理是"距离"电子商务最远的，是企业物流链条的中间段，但也同样受到电子商务的深刻影响。企业输出端与输入端的巨大变化，必然带来中间端的巨大变化。为适应电子商务所引起的输入端与输出端的变化，企业生产流程的再造不可避免。事实上，虚拟企业的出现就已经把生产过程的组织方式改变到了极致。电子商务必然导致企业技术单元的细化，即专业分工细化，使部分生产外化，从而导致生产流程的再造。

（7）电子商务改变了企业的技术来源。

企业生产所需要的技术总是部分来源于企业自身，部分来源于企业外部。两个来源的比例对于不同的企业而言可能相差很大，但不可能完全没有外部的技术来源。对于企业而言，技术的外部来源始终是企业入口端的重要要素之一。从外部来源的视角看，电子商务正改变着技术交易的形态，大大拓宽了企业搜索所需技术的渠道，拓宽了企业委托开发的视野，改变了企业从外部获取所需技术的管理方式；从内部来源的视角看，企业生产所需技术的两个来源是一个有机的体系，外部来源的改变必然导致企业自身任务、开发投入与开发组织的变化。

（8）电子商务改变了企业对人才的挑选与聘用方法。

基于IT技术、基于电子信息网络的人才交易即人才自荐，企业对人才的挑选甚至对人才的测试和聘用等，正在依托互联网及多媒体迅速发展。网上测评人才的技术也正在迅速发展，人力资源管理的研究课题不得不由此而发展。

2. 电子商务对社会、经济的作用

相对于传统商务来说，电子商务是一种全新的商业模式。自进入21世纪以来，电子商务正以其无可比拟的优势和不可逆转的趋势改变着商务活动的运作模式，对企业的经营方式、支付手段和组织形式提出了强有力的挑战，并将给社会经济的各个方面带来根本性的变革。

（1）电子商务将改变商务活动的方式。

传统的商务活动最典型的情景就是"推销员满天飞""采购员遍地跑""说破了嘴、跑断了腿"，消费者在商场中筋疲力尽地寻找自己所需要的商品。现在，通过互联网只要动动鼠标和键盘就可以了。人们可以进入网上商场浏览、采购各类产品，而且能得到在线服务；商家可以在网上与客户联系，利用网络进行货款结算服务；政府还可以方便地进行电子招标、采购等。

（2）电子商务将改变人们的消费方式。

网上购物的最大特征是消费者的主导性，购物意愿掌握在消费者手中；同时消费者还能以一种轻松自由的自我服务的方式来完成交易。消费者的自主权可以在网络购物中充分体现出来。

（3）电子商务将给传统行业带来一场革命。

电子商务是在商务活动的全过程中，通过人与电子通信方式的结合，极大地提高了商务活动的效率，减少了不必要的中间环节。传统的制造业借此进入小批量、多品种的生产时代，"零库存"成为可能；传统的零售业和批发业开创了"无店铺""网上营销"的新模式；各种线上服务为传统服务业提供了全新的服务方式。

（4）电子商务将带来一个全新的金融业。

在线电子支付是电子商务的关键环节，也是电子商务得以顺利发展的基础条件。随着电子商务在电子交易环节上的突破，网上银行、银行卡支付网络、银行电子支付系统，以及网上对接、电子支票、电子现金等服务，将传统的金融业带入一个全新的领域。

（5）电子商务将转变政府的行为。

政府承担着大量的社会、经济、文化的管理和服务的功能，它作为"看得见的手"，在调节市场经济运行、防止市场失灵带来的不足方面有着很大的作用。电子商务在企业应用电子商务进行生产经营、银行实现了金融电子化及消费者实现网上消费的同时，将同样对政府管理行为提出新的要求，电子政府或称网上政府将随着电子商务的发展而成为一个重要的社会角色。

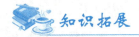
知识拓展

互联网+

"互联网+"是创新2.0下的互联网发展的新业态，是知识社会创新2.0推动下的互联网形态演进及其催生的经济社会发展新形态。"互联网+"是互联网思维的进一步实践成果，推动经济形态不断地发生演变，从而激活社会经济实体的生命力，为改革、创新、发展提供广阔的网络平台。通俗地说，"互联网+"就是"互联网+各个传统行业"，但这并不是简单的两者相加，而是利用信息通信技术以及互联网平台，让互联网与传统行业进行深度融合，创造新的发展生态。它代表一种新的社会形态，即充分发挥互联网在社会资源配置中的优化和集成作用，将互联网的创新成果深度融入经济、社会之中，提升全社会的创新力和生产力，形成更广泛的以互联网为基础设施和实现工具的经济发展新形态。

"互联网+"代表着一种新的经济形态，它指的是依托互联网信息技术实现互联网与传统产业的联合，以优化生产要素、更新业务体系、重构商业模式等途径来完成经济转型和升级。"互联网+"计划的目的在于充分发挥互联网的优势，将互联网与传统产业深入融合，以产业升级提升经济生产力，最后实现社会财富的增长。"互联网+"概念的中心词是互联网，它是"互联网+"计划的出发点。"互联网+"计划具体可分为两个层次的内容来表述。一方面，可以将"互联网+"概念中的文字"互联网"与符号"+"分开理解。符号"+"意为加号，代表着添加与联合。这表明了"互联网+"计划的应用范围为互联网与其他传统产业，它是针对不同产业间发展的一项新计划，应用手段则是通过互联网与传统产业进行联合和深入融合的方式进行。另一方面，"互联网+"作为一个整体概念，其深层意义是通过传统产业的互联网化完成产业升级。互联网将开放、平等、互动等网络特性运用于传统产业，通过分析与整合大数据，试图厘清供求关系，通过改造传统产业的生产方式、产业结构等内容，来增强经济发展动力，提升效益，从而促进国民经济健康、有序的发展。

1.2 电子商务平台的种类

电子商务平台是建立在互联网上进行商务活动的虚拟网络空间和保障商务顺利运营的管理环境，是协调、整合信息流、物质流、资金流，进行有序、关联、高效流动的重要场所。企业、商家可充分利用电子商务平台提供的网络基础设施、支付平台、安全平台、管理平台等共享资源有效地、低成本地开展商业活动。

电子商务平台根据运营深度和广度的不同可分为水平型电子商务平台、垂直型电子商务平台和公司型电子商务平台三种。

1.2.1 水平型电子商务平台

水平型电子商务平台的运营范围广，产品线涵盖整个市场，其平台运营商通常是独立于产品或服务的提供者和需求者,通过网络服务平台,按照特定的交易与服务规范,为买卖双方提供服务。其能够全面参与企业发生经济行为的信息流、资金流、物流等流程,从信息的采集到货物运送,再到资金的支付,都能够在一定程度上帮助入驻企业开展业务。

当前主流的水平型电子商务平台根据其运营模式的不同可分为水平型 B2B 电子商务平台、水平型 B2C 电子商务平台和水平型 C2C 电子商务平台。

1. 水平型 B2B 电子商务平台

在传统的销售批发环节中,企业间的交易往往要耗费大量的资源和时间,无论是销售、分销还是采购都要占用产品成本。通过网络批发平台(B2B)的交易方式,买卖双方都能够在网上完成整个业务流程,从建立最初印象到货比三家,再到讨价还价、签单和交货,最后到客户服务,企业之间的交易减少了许多事务性的工作流程和管理费用,降低了企业经营成本。网络的便利及延伸性使企业扩大了活动范围,企业发展跨地区跨国界更方便,成本更低廉。

B2B 不仅仅是建立一个网上的买卖群体,更为企业之间的战略合作提供了基础。任何一家企业,不论它具有多强的技术实力或多好的经营战略,要想单独实现 B2B 是完全不可能的。网络使得信息通行无阻,企业之间可以通过网络在市场、产品或经营等方面建立互补互惠的合作,形成水平或垂直形式的业务整合,以更大的规模、更强的实力、更经济的运作真正实现全球运营管理。

(1)水平型 B2B 电子商务平台的特征。

①降低采购成本。企业通过与供应商建立企业间电子商务,实现网上自动采购,可以减少双方为进行交易投入的人力、物力和财力。另外,采购方企业可以通过整合企业内部的采购体系,统一向供应商采购,实现批量采购,获取折扣。例如,沃尔玛将美国的 3000 多家超市通过网络连接在一起,统一进行采购配送,通过批量采购节省了大量的采购费用。

②降低库存成本。企业通过与上游的供应商和下游的顾客建立企业间的电子商务系统,实现以销定产、以产定供,实现物流的高效运转和统一,最大限度控制库存。企业通过允许顾客网上订货,实现企业业务流程的高效运转,大大降低了库存成本。

③节省周转时间。企业还可以通过与供应商和顾客建立统一的电子商务系统,实现企业的供应商与企业的顾客直接进行沟通和交易,减少周转环节。例如,波音公司的零配件是从供应商那里采购的,而这些零配件很大一部分是满足它的顾客——航空公司维修飞机时使用的。为减少中间的周转环节,波音公司通过建立电子商务网站实现其供应商与顾客之间的直接沟通,大大减少了零配件的周转时间。

④扩大市场机会。企业通过与潜在的客户建立网上商务关系,可以覆盖原来难以通过传统渠道覆盖的市场,增加企业的市场机会。通过网上直销,有 20% 的新客户来自中小企业。通过建立企业间的电子商务,大大降低了双方的交易费用,增加了中小企业客户网

上采购的利益动力。

⑤规模大、竞争力强。企业网站提供的是一个信息发布平台，信息内容由网上的各类厂家提供，内容相当丰富。这类网站年轻，再加上结构很复杂，往往有十分强大的技术研究团队，对于 SEO（搜索引擎优化）的技术实施还是比较有保障的。这类网站的竞争对手往往是一些企业网站，规模不在一个档次。

（2）水平型 B2B 电子商务平台实例。

实例一：1688 平台（www.1688.com）。

马云于 1999 年创办了阿里巴巴网站，即 1688 的前身。1688 现为阿里集团的旗舰业务，是中国领先的电子商务平台。作为阿里集团旗下的子公司，1688 在 CBBS 电子商务体系中代表企业的利益，为全球数千万的买家和供应商提供商业信息和便捷安全的在线交易，还提供了从本地批发商采购产品的渠道，也是商人们以商会友、真实互动的社区。1688 网站首页如图 1-1 所示。

图 1-1　1688 网站首页

1688 以批发和采购业务为核心，通过专业化运营，完善客户体验，全面优化企业电子商务的业务模式。目前，1688 已覆盖原材料、工业品、服装服饰、家居百货、小商品等 16 个行业大类，提供原料采购—生产加工—现货批发等一系列的供应服务。其主要的业务模块包括：

①诚信通。诚信通是 1688 为从事中国国内贸易的中小企业推出的会员制网上贸易服务，主要用于解决网络贸易信用问题。

②产业带。产业带聚集了生产设备、原材料、面辅料、设计、货运等各类以生产为中

心的上下游企业，建立经济技术协作圈。

③伙拼。伙拼是1688推出的批发型团购频道。目前，伙拼覆盖了服装、母婴、食品、美容、百货、家纺、家装、工业品等几乎全部的产品品类，让所有批发商低成本、高效率地进行网络批发。

④淘工厂。淘工厂是链接电商卖家与工厂的加工定制服务。一方面解决电商卖家找工厂难、试单难、翻单难、新款开发难的问题；另一方面将线下工厂产能商品化，通过淘工厂平台推向广大的电商卖家，从而帮助工厂获取订单，实现工厂电商化转型，打造贯通整个线上服务供应链的生态体系。

⑤商友圈。商友圈是聚集不同行业、不同地域、不同行业市场的卖家和买家行业群体的电子商务社区，汇聚全国各地各行业超过10000个商盟、50万个生产厂家、企业主、经销商，横跨数千个行业，每天超过50万人在线活跃。商友们可以在这里发现、结交行业商友、互动圈子，与各行各业的专家、企业主交流商业经验、分享商业知识，参与各种类型的商圈线上和线下的活动，聚集商业人脉。

⑥生意经。生意经是1688为用户提供的专注于商业领域，通过问答手段解决商业难题，并通过维客（Wiki）手段积累商业实战知识的平台，每天有超过300万商友通过生意经沟通商业难题。

⑦快订。快订是1688全新上线的新品订货专业频道。深度整合尖端设计师、产业集群地工厂、外贸大厂及尖端面料商等供应链上游资源，旨在为淘宝天猫卖家、线下品牌商等核心零售商提供海量的首发原创设计款，打造"小批量、快生产、高品质"的一站式"快时尚"订货模式。

⑧代理加盟。代理加盟是为1688商家提供的渠道发展服务，支持品牌商家的线上代销、加盟、代理等方式的渠道招募。

⑨采购商城。1688采购商城是阿里巴巴1688旗下自营的工业品采购超市。面向国内生产制造企业，提供涵盖五金工具、劳保防护、电工电气、机械部件、行政办公、物流包装、LED照明、精细化学和公用设施等行业的产品品类。

实例二：慧聪网（www.hc360.com）。

慧聪网成立于1992年，是国内B2B电子商务服务提供商。当前，慧聪网已经形成了以中关村在线为首，包括家电电子商务公司、汽车产业电子商务公司、化工电子商务公司、酒店用品电子商务公司、工程机械电子商务公司、安防电子商务公司、电子产业电子商务公司在内的八大垂直电子商务公司。同时，慧聪网还拥有消费品电子商务公司（包括18个行业）、工业品电子商务公司（包括20个行业）、慧聪O2O电子商务产业园公司、神州数码慧聪小贷公司以及兆信防伪科技公司五大独立公司，总共13家独立公司，专注于电子商务、金融、地产及防伪四大领域。慧聪网的首页如图1-2所示。

慧聪网注册企业用户已超过1500万，买家资源达到1120万，覆盖行业超过70个。其为企业和消费者提供的主要服务有：

图 1-2 慧聪网首页

①买卖通。慧聪买卖通会员不仅可以通过自己的商务中心来查询符合自己需要的采购信息、自己亲自订阅采购商业信息，还可以通过专门的在线洽谈会、IM（即时信息）等即时通信工具来获得一手采购信息。企业可以通过买卖通建立起汇集产品展示、企业推广、在线洽谈、身份认证等多种功能的网络商铺。

②专属服务。专属服务即针对不同行业的客户差异化需求而为企业量身定做的网上做生意、结商友的诚信平台，其最大的亮点在于"个性化"服务——精准的求购信息、网络和纸媒推广的全面覆盖、新闻营销深度打造企业品牌，将立足跨行业优势，不断提升行业服务深度、广度；确保每一位买卖通行业客户都能享受到专门的精细化服务。慧聪网的行业专属服务还体现在其给行业客户的"优先"上——客户可以优先获得买家求购信息及优先参加买家线上、线下的采购会；录入当年行业大全名录，参加国内重大的业内展会及活动；卖家推荐，定期将企业产品定时、定点通过邮件、IM等推荐给优质买家，而企业重大的产品、活动等事件通过慧聪网第一时间在互联网平台做新闻发布；此外，客户也可以优先获得行业内知名专家、顾问的咨询服务。

③慧付宝。慧付宝是慧聪公司与支付机构及（或）银行合作的、为慧聪网客户提供的、支持买卖双方在线完成交易的支付服务工具，主要提供货款、代收、代付服务。2013年9月1日，慧聪网在线交易系统上线的同时，推出了慧付宝服务，支持使用11家银行的个人网银付款、16家银行的企业网银付款；支持使用25家银行的个人或企业银行卡提现。

电子商务基础

课堂讨论

你还了解哪些 B2B 电子商务平台?

2. 水平型 B2C 电子商务平台

随着网络交易的爆炸式增长,交易需求也随之提高。为了满足需求,水平型 B2C 电子商务平台应运而生,旨在通过电子手段建立一种新的秩序,它是充分利用技术而引发革命性的商务实践,不仅沟通了买卖双方的网上交易渠道,大幅度降低了交易成本,也开辟了电子商务服务业的一个新的领域,在电子商务服务业发展中具有举足轻重的作用。

(1) 水平型 B2C 电子商务平台的特征。

从供应链的角度来看,水平型 B2C 电子商务渠道结构被网络零售拉薄。传统零售渠道天然地被空间距离隔开,因此形成了总代理、区域代理层层向下的金字塔状多级代理结构。而随着网络渠道的兴起,一些网商从诞生之初就形成了"前店后厂"的模式,抛去了中间的各级代理。总体看来,网络零售对渠道结构的改造降低了零售业的渠道成本。

从商品类型来看,小众需求在网络渠道中受到推崇。网络提供了足够宽广且廉价的零售平台,使得原本的小众支撑起一个实体零售网点或进入实体网点销售的需求,在网络零售平台上得以满足,并且这些零散却数量巨大的小众需求带来的销售总额并不亚于畅销商品。

从客户关系及体验来看,自助式的购物体验使得消费过程更轻松。

(2) 水平型 B2C 电子商务平台的实例。

实例一:天猫商城(www.tmall.com)。

天猫商城(英文名 Tmall,亦称淘宝商城)是一个致力于打造 B2C 贸易的综合性的购物网站。淘宝商城成立于 2008 年 4 月 10 日,于 2011 年 6 月 16 日正式从淘宝网拆分,并于 2012 年 1 月 11 日正式宣布更名为"天猫"。天猫商城整合了数千家品牌商、生产商的官方旗舰店、品牌专卖店、品牌专营店,在商家和消费者之间提供了一站式的解决方案,提供了无数有品质保证的商品,并提供 7 天无理由退换货的售后服务,以及购物积分返现等优质服务。

天猫商城的模式是做网络销售平台,卖家可以通过这个平台卖各种商品,类似于现实生活中的购物商场。天猫商城不直接参与卖任何商品,但会对商家的经营内容、经营过程及售后服务进行约束。天猫商城首页如图 1-3 所示。

天猫商城店铺比普通网络店铺更具有吸引力的是它的服务,它不仅是大卖家和大品牌的集合地,同时也提供比普通店铺更加周到的服务。其中,以"正品险"实现正品保障是天猫商城特有的服务。

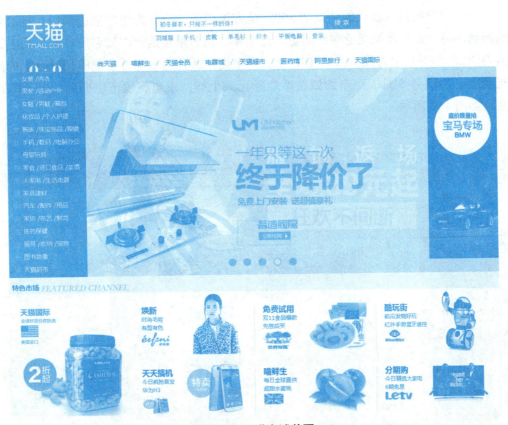

图1-3 天猫商城首页

"正品保障"是天猫商家必须承担的服务内容。具体为：当买家使用支付宝服务购买商家的商品，若买家认定已购得的商品为假货时，则有权在交易成功后14天内按本规则及天猫其他公示规则的规定向天猫商城发起针对该商家的投诉，并申请"正品保障"赔付，可以申请的赔付金额以《中华人民共和国产品质量法》《中华人民共和国消费者权益保护法》及其他法规、部门规章和国家强制性标准规定的该类商品售假赔付金额（含投诉商品回邮邮费）为限。根据天猫商城与入驻商家的协议约定，商家不得销售假货及非原厂正品商品，一旦发现出售假货及非原厂正品商品，天猫商城有权立即终止协议。

2015年11月，"双十一"前夕，天猫携手蚂蚁金服，与中国人保、平安产险等保险公司推出"天猫正品保证险""天猫品质保证险"等一系列普惠保险项目：如果消费者在天猫平台购买了假冒商品，将无条件获得退货退款支持，并可以获得4倍赔偿。这是天猫在2012年推出"退货运费险"后，再次升级消费者保障。

实例二：京东商城（www.jd.com）。

京东商城是中国B2C市场大的网购专业平台之一，是中国电子商务领域受消费者欢迎和极具影响力的电子商务网站之一。京东商城秉承"以人为本、先人后企"的服务理念，全程为用户提供人性化的"亲情360"全方位服务，努力为用户创造亲切、轻松和愉悦的购物环境。京东商城无论在访问量、点击率、销售量还是业内知名度和影响力上，都在国内3C网购平台中首屈一指。2010年，京东商城跃升为中国首家规模超过百亿的网络零售企业。2013年5月，京东商城超市业务正式上线，京东将超市也搬到线上。京东商城首页如图1-4所示。

图1-4　京东商城首页

京东商城作为中国最大的自营式电商企业，2015年第一季度在中国自营式B2C电商市场的占有率为56.3%。目前，京东集团旗下设有京东商城、京东金融、京东智能、O2O及海外事业部。2014年5月，京东在美国纳斯达克证券交易所正式挂牌上市（股票代码：JD），成为中国第一个成功赴美上市的大型综合型电商平台，与腾讯、百度等中国互联网巨头共同跻身全球前十大互联网公司排行榜。2014年，京东市场交易额达到2602亿元，净收入达到1150亿元。

京东商城的模式类似于现实生活中的沃尔玛、乐购、家乐福等大型超市，引进各种货源进行自主经营。京东先向各厂商进货，然后在自己的商城上销售，消费者可以在这里一站式采购。京东商城自己负责经营这么庞大的网络商城，盈亏都看京东自己的经营能力。消费者购买时出现问题，直接找京东解决。这种模式的优点在于经营的产品多样，综合利润高。商城可以根据市场情况和企业战略对自己销售的产品做出整体调整。商城握有经营权，内部竞争小，对外高度统一。缺点在于内部机构庞大，市场反应较慢，竞争对手较多，产品种类扩充不灵活，容易与供货商发生矛盾。

实例三：1号店（www.yhd.com）。

1号店电子商务网站于2008年7月11日正式上线，是国内首家网上超市，开创了中国电子商务行业"网上超市"的先河。1号店志在为顾客提供生活用品的一站式网上购物服务，在线销售超过18万种商品，涵盖食品饮料、美容护理、厨卫清洁、母婴玩具、数码电器、家居运动、营养保健、钟表珠宝、服装鞋帽、机票服务、品牌旗舰店等十二大类，还在业内率先拓展了众多虚拟产品服务项目，如手机充值、生活费用付款、火车票查询、机票订购等在线服务，希望确保高质量的商品能以低成本、高速度、高效率的流通让顾客充分享受全新的生活方式和实惠方便的购物体验。1号店网站首页如图1-5所示。

图1-5　1号店网店首页

1号店于2013年12月正式入驻上海自贸区，并于当年销售额突破百亿。2015年7月，沃尔玛从创始人和平安手中收购1号店股份。沃尔玛收购尚未持有的1号店股份，将对后者全资控股。1号店继续以现有名称运营。以上业绩的取得与1号店的特色服务有着不可分割的关系。

1号店的特征如下：

①强大的PIS系统（价格智能管理系统）。1号店PIS系统通过实时监控全网70多家主流电商1700万种商品的价格和库存信息，根据1号店的价格策略实时调整价格，保证了1号店的价格竞争优势，为顾客省钱。同时，在价格规范监管方面，1号店在2013年上线了基准价流程，并在公司内部安排专人负责价格巡查，通过系统和人工方式对价格进行更严格的规范管理。

②严格的商品质量安全管理。从2013年起，1号店开始对仓储、配送进行ISO9001质量管理体系认证。同时，1号店制定了"4+1"质量控制安全管理体系，即在供应商审核、产品入库检查、存储配送管理、产品质量问题追溯4个关键环节制定了详细的产品质量安全监督流程，并对供应商违法违规供货行为一查到底，全力维护消费者权益。数据显示，通过严格的标准管理，2013年，1号店临期商品投诉达到5.6个西格玛水平，即临期不良商品投诉率仅为十万分之二。

③集成供应链。为了降低货损率、提升物流效率，1号店推出"托盘共用体系"，已经被"品牌直通车"合作品牌商宝洁、联合利华、雀巢、百事等跨国巨头采用；而"品牌直通车"同样是1号店的模式创新，通过与全球消费品巨头300个全球品牌达成销售信息、市场营销活动、库存备货、物流绿色通道、顾客满意度、运营数据、全球经验七个层面的"直通"，1号店为顾客提供更安全可信、更具价格优势的产品和服务。

④准点达、准时达和定日达。准点达指的是订单在每日20:00前提交成功（在线支付需付款完成），顾客可选择当日起7天内的指定时段进行收货，最准可精确到1小时，1号店将保证在此时间段内为顾客送货上门。准时达指的是订单在每日20:00前提交成功（在线支付需付款完成），客户可选择当日起7天内的指定时段进行收货。定日达指的是订单在每日20:00前提交成功（在线支付需付款完成），客户可选择当日起7天内的任意一天进行收货。

实例四：唯品会（www.vip.com）。

区别于其他网购品牌，唯品会定位为"一家专门做特卖的网站"，每天100个品牌授权特卖，确保正品、确保特价、限量抢购，以低至1折的深度折扣及充满乐趣的限时抢购模式为消费者提供一站式的优质购物体验。唯品会网站首页如图1-6所示。

唯品会率先在国内开创了特卖这一独特的商业模式。唯品会创立之初，即推崇精致优雅的生活理念，倡导时尚唯美的生活格调，主张有品位的生活态度，致力于提升中国乃至全球消费者的时尚品位。加上其"零库存"的物流管理以及与电子商务的无缝对接模式，唯品会得以在短时间内在电子商务领域生根发芽。

唯品会与国内外知名品牌代理商及厂家合作，为中国消费者提供低价优质、受欢迎的品牌正品。每天100个品牌授权特卖，商品包括时装、配饰、鞋、美容化妆品、箱包、家纺、皮具、香水、3C、母婴等种类。当前，唯品会会员数已超过1亿，合作品牌超过12000个，其中全网独家合作品牌1500多个。根据艾瑞咨询集团发布的《2014年中国网络限时特卖市场研究报告》，唯品会 2013 年以 38.1% 的市场份额领跑中国限时特卖市场。与此同时，《2013 年中国垂直女性时尚电商行业研究报告》指出，2013 年中国垂直女性时尚电商市场份额中，唯品会以 55.2% 的占有率成为中国垂直女性时尚电商市场的领导者。唯品会所代表的线上特卖模式已经成为现今中国三大主流电商业形态之一。唯品会网站首页如图 1-6 所示。

图 1-6　唯品会网站首页

3. 水平型 C2C 电子商务平台

（1）水平型 C2C 电子商务平台的特征。

①用户数量多且身份复杂。一方面，C2C 电子商务平台对于所有人都是开放且免费的，几乎任何人都可以注册为平台的用户，因此，不少用户同时具有买家和卖家的双重身份。另一方面，在 C2C 电子商务平台上开店的用户目的也不相同，除了大部分卖家以赚钱为目的外，有一部分卖家只是为了出售一些自己已经不需要的二手物品，而还有一小部分卖家存在一些不正当的目的。

②商品信息多且品质参差不齐。在C2C电子商务平台上，众多卖家带来的是数量众多的待出售的物品，不仅有人们日常生活中的常用物品，也有各种各样的新鲜玩意儿。C2C电子商务平台中，商品的质量参差不齐，既有全新的也有二手的，既有正品也有仿冒品，既有大工厂统一生产的也有小作坊个人制作的。总之，C2C电子商务平台把传统的大商场、特色小店、地摊和跳蚤市场通通融合在了一起，使得商品的信息相当庞杂。

③交易次数多但每次交易的成交金额较小。C2C电子商务平台中参加交易的买卖双方往往是个人，他们购买的物品往往都是单件或者是少量的，因此本小利薄，数量小、批次多是目前绝大部分C2C平台上的卖家所面临的现实。

（2）水平型C2C电子商务平台的实例。

实例：淘宝网（www.taobao.com）。

淘宝网是深受消费者欢迎的网络购物零售平台，于2003年5月10日由阿里巴巴集团投资创办，致力于打造全球领先的网络零售商圈。截至2014年底，淘宝网拥有注册会员超过5亿，日活跃用户超1.2亿，在线商品数量达到10亿，在C2C市场上，淘宝网占95.1%的市场份额。随着淘宝网规模的扩大和用户数量的增加，淘宝网在手机端的发展势头迅猛，据易观2014年发布的手机购物报告数字，手机淘宝和天猫的市场份额达到85.1%。淘宝也从单一的C2C网络集市变成了包括B2C、C2C、团购、分销、拍卖等多种电子商务模式在内的综合性零售商圈。淘宝网首页如图1-7所示。

图1-7　淘宝网首页

淘宝网提倡诚信、活跃、快速的网络交易文化，坚持"宝可不淘，信不能弃"。在为淘宝会员打造更安全高效的网络交易平台的同时，淘宝网也全力营造和倡导互帮互助、轻松活泼的家庭式氛围。当前，淘宝提供的特色服务包括：

①信用评价。淘宝信用评价体系由星、钻石、皇冠三部分构成，并成等级提升，目的是为诚信交易提供参考，并在此过程中成功保障买家利益，督促卖家诚信交易。

②淘宝旺铺。淘宝店铺是指所有淘宝卖家在淘宝所使用的旺铺或者店铺，淘宝旺铺是相对普通店铺而言的，每个在淘宝新开的店的店铺界面都是系统默认产生的店铺界面，就是常说的普通店铺。而淘宝旺铺（个性化店铺）服务是由淘宝提供给淘宝卖家，允许卖家使用淘宝提供的计算机和网络技术，实现区别于淘宝一般店铺展现形式的个性化店铺页面展现功能的服务。

③淘宝指数。淘宝指数是一款基于淘宝的免费数据查询平台，可通过输入关键词搜索的方式查看淘宝市场搜索热点、成交走势、定位消费人群在细分市场的趋势变化的工具。

④快乐淘宝。2009年12月，淘宝和湖南卫视合作组建快乐淘宝公司，联手拓展电视网购新市场，不仅于2010年4月在湖南卫视推出《快乐淘宝》节目，还在淘宝网上开辟"快乐淘宝"子频道专区和外部独立网站，创建了电子商务结合电视传媒的全新商业模式。

⑤淘点点。淘宝推出"淘点点"，希望重新定义"吃"。2013年12月20日，淘宝宣布正式推出移动餐饮服务平台——淘点点。用手机下载"淘点点"，只需进入外卖频道，就可以方便地搜索到附近的盒饭、水果、饮料、蛋糕等外卖信息。通过淘点点，消费者可以随时随地自助下单、付款，留下送货地址和电话，十几分钟后，外卖商户就会把新鲜出炉的美食送上门。

1.2.2 垂直型电子商务平台

垂直型电子商务平台是集中全部力量打造专业性信息的平台，其旗下商品都是同一类型的产品，网站主要针对范围相对狭窄、内容专业的领域，如化妆品、运动鞋或数码产品等。当前的行业电子商务平台就是典型的垂直型电子商务平台。

中国电子商务在起步阶段孕育了很多多元化的电子商务网站，就像综合类的大百货商店，在初期也只为所有产品提供统一的服务。随着电子商务产业的成熟，垂直化的服务开始受到重视。其实，电子商务的垂直化运营在国外早就有了比较成熟的发展。美国最大的购物网站亚马逊虽然经营的产品包罗万象，但是各个产品类目都有自己的专业团队独立运营，以符合不同用户的需求。

1. 垂直型电子商务平台的优势

垂直型电子商务平台的优势在于专注和专业，能够提供更符合特定人群的消费产品，满足某一领域用户的特定习惯，因此更容易取得用户信任，从而加深用户对产品的印象，促进用户对产品的口碑传播，形成品牌和独特的品牌价值，这也是小资本创业企业的必经之路。

（1）产品流通管理。

垂直电子商务平台有先进的模式，所有货源统一由供应商供给，从源头上堵住了零售商卖次品、假货的渠道，产品质量问题由供应商承担，保障消费者利益，物流体系与传统渠道物流相结合，使产品在物流中的损耗降到最低。

（2）产品展示管理。

垂直电子商务平台涉及产品和商品，产品由供应商统一管理、标准化展示、商品由各零售商根据自己的需求进行展示，但是产品规格不得更改；一旦同一款产品出现质量问题可以做到立即全部下架，避免产品继续销售；产品评价全部统一计分，一旦评价低于规定就可以全部下架。

（3）供应商服务优势。

为供应商提供网络零售及批发渠道，低成本，高效率，低库存风险；为供应商提供零售商家、产品价格、库存等系统管理平台；为供应商提供品牌营销推广、新品市场调研、处理库存等服务，提供第三方物流服务（厂家发货与批发相结合）。

（3）网络零售商服务优势。

通过技术实现专卖提前有限展示，如专营配件的在配件类目优先展示，用技术手段规避配件商家发布大量汽车装饰品及重复铺货等问题；为零售商提供更多消费者信息服务，如消费者身份年龄、以前消费过的商品倾向于哪方面、消费能力高低等不涉及个人隐私的信息，为零售商准确了解消费者需求提供支持；对商家店铺营销给予准确的数据分析，提出建议；通过打通供应链解决零库存运营问题。

（4）采购商服务优势。

为采购商解决一站式采购问题，商品价格透明，品质有保障，物流费用更低，效率更高，时间更少，物流更快。

（5）消费者服务优势。

为消费者提供供应商直供产品，品质有保障，砍掉渠道商及仓储环节，降低物流费用，让利消费者。

2. 垂直型电子商务平台实例

实例一：中国化工网（http://china.chemnet.com/）。

由网盛科技创建并运营的中国化工网是国内第一家专业化工网站，主要提供橡塑、化工、冶金、纺织、能源、农业、建材、机械、电子、电工、五金、仪器、汽车、照明、安防、服装、服饰、家电、百货、礼品、家具、食品等40多个大类商品的在线采购批发和营销推广。中国化工网首页如图1-8所示。

中国化工网是目前国内客户量最大、数据最丰富、访问量最高的化工网站。中国化工网建有国内最大的化工专业数据库，内含40多个国家和地区的2万多个化工站点，含25000多家化工企业，20多万条化工产品记录；建有包含行业内上百位权威专家的专家数据库；每天新闻资讯更新量上千条，日访问量突破 100 万人次，是行业人士进行网络贸易、技术研发的首选平台。其兄弟网站"全球化工网"集一流的信息提供、超强专业引擎、新一代 B2B 交易系统于一体，享有很高的国际声誉。

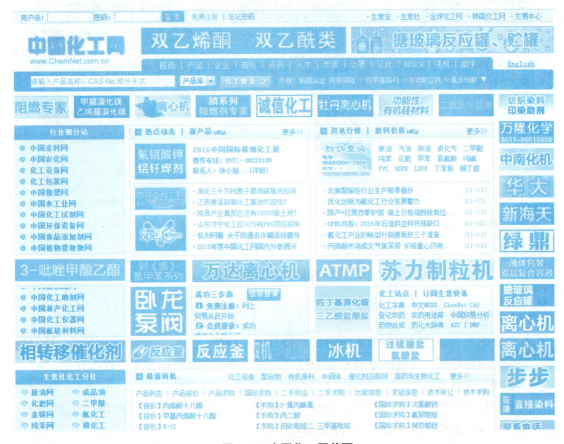

图 1-8　中国化工网首页

实例二：中国网上轻纺城（www.qfc.cn）。

中国网上轻纺城是浙江中国轻纺城网络有限公司于 2011 年投资创办的，打造了一个集纺织行业资讯、贸易信息数据库、产品及企业大全、网上纺织品交易、公共信息化服务于一身的纺织行业电子商务平台，有效地实现了有形市场和网上市场的联动融合发展。中国网上轻纺城首页如图 1-9 所示。

该网站提供了五大服务中心，具体如下。

（1）贸易信息中心。

贸易信息中心提供纺织品贸易需要的采购、供应、产品、公司等信息，全面解决信息不对称的问题。

图1-9 中国网上轻纺城首页

(2)行业资讯中心。

行业资讯中心提供纺织行业人士需要的每日价格行情、交易数据、行业新闻、外贸趋势、流行时尚等信息,并辅以业界专家的深度点评,为企业及时调整生产提供帮助。

(3)网上交易中心。

网上交易中心提供纺织服装产品在线交易服务,实现了网上下单、付款、收款,配合政府指导及市场监控,解决交易及诚信问题。

(4)社区交流中心。

社区交流中心通过互联网技术让不能见面的纺织行业人士快速建立联系,低成本沟通,从而建立各种关系。

(5)公共信息化服务中心。

公共信息化服务中心运用现代信息技术改变纺织企业传统的设计方式、制造方式、营销方式,提高企业的信息化水平和快速反应能力。

1.2.3 公司型电子商务平台

公司型电子商务平台是一个企业为自身产品创建的为消费者提供网上交易洽谈的平台。基于第三方的电子商务平台,其所依托的第三方平台(如阿里巴巴、敦煌网等)拥有完善的管理机制和强大的技术团队,始终处在信息技术的前沿,因此,基于第三方的企业电子商务运营较方便。而企业独立创立的公司型电子商务平台拥有完全独立的电子商务平台，虽然不受第三方平台的约束和限制，而且具有数据处理能力强、网络运行效率高的优势，但其网络平台的安全管理能力和技术支持却相对缺乏。

1. 公司型电子商务平台的作用

公司型电子商务平台可以建立起电子商务服务的门户站点，是现实社会到网络社会的真正体现，为广大网上商家以及网络客户提供一个符合中国国情的电子商务网上生存环境和商业运作空间。

公司型电子商务平台不仅是初级网上购物的实现，还能够有效地在互联网上构架安全的和易于扩展的业务框架体系，实现B2B、B2C、C2C、O2O、B2M、M2C、B2A（B2G）、C2A（C2G）ABC模式等应用环境，推动电子商务在中国的发展。

公司型电子商务平台通过互联网展示、宣传或者销售自身产品的网络平台载体越来越趋于平常化。

公司型电子商务平台扩展的另外一个途径——互联网营销让用户多了一种途径来了解、认知或者购买该公司的商品。

公司型电子商务平台可以帮助中小企业甚至个人实现自主创业、独立营销，从而达到快速盈利的目的，而且只需要很低的成本就可以实现这一愿望。

公司型电子商务平台可以为同行业中已经拥有电子商务平台的用户提供更专业的电子商务平台解决方案。

2. 公司型电子商务平台的特点

（1）更广阔的环境。

人们不受时间及空间等传统购物的诸多限制，可以随时随地在网上交易。通过跨越时间、空间，使人们在特定的时间里能够接触到更多的客户，为人们提供更广阔的发展环境。

（2）更广阔的市场。

在网上，这个世界将会变得很小，一个商家可以面对全球的消费者，一个消费者也可以在全球的任何一个商家购物。一个商家可以去挑战不同地区、不同类别的买家客户群，在网上能够收集到丰富的买家信息，进行数据分析。

（3）快速流通和低廉的价格。

电子商务平台可以减少商品流通的中间环节，节省大量开支，从而大大降低了商品流通和交易的成本。企业能够更快地匹配买家，实现真正的产供销一体化，节约资源，减少不必要的生产浪费。

3. 公司型电子商务平台实例

实例一：海尔商城（www.ehaier.com）。

海尔（Haier）是我国白色家电的第一品牌。海尔商城是海尔集团官方建立的海尔全系列家电一站式销售服务平台。海尔商城首页如图1-10所示。

图1-10 海尔商城首页

海尔商城作为独立的公司型电子商务平台,自上线以来一直受到消费者的欢迎,主要是因为它具有以下特色服务。

(1)虚实融合模式。

海尔商城的虚实融合模式由虚网创造用户资源,由实网(海尔线下千家以上销售服务中心)提供即买即送的产品和服务。海尔商城依靠多年线下积累的强大营销、物流、服务网络资源,能够提供全国24小时免费送货、选购设计、送货到门、安装同步等一站式服务,在大家电网购服务上有独特优势。

(2)物流服务。

海尔商城首推"24小时限时达,超时即免单"服务。消费者在网上商城下单后,24小时内就可享受集送货上门、调试安装于一体的一站式服务,满意后再付款;如果海尔在24小时内没有送货到门,消费者购买的任何产品都可免单。海尔能够做出如此承诺,是因为其将虚网销售与现实渠道相结合,依托海尔商城网购平台下单,通过遍布全国的专卖店迅速进行配送,负责送货上门、安装。与传统网商采用第三方物流送货相比,海尔商城如此做法不仅突破了区域限制,而且将送货时间由平均5~7天缩短到了24小时以内,让消费者在一天之内就能体验到购买新产品的乐趣,因而受到市场的一致好评。

(3)一站式无忧服务。

售前,海尔专业家电设计师免费上门为用户量身定制专业家电设计方案;售中,海尔商城推出购物全程在线导购;产品售出后,海尔商城做到即需即送、人货同步,为用户排忧解难,体现出海尔以客户为中心的理念。

（4）保价服务。

由于网络购物的特点，海尔商城销售的商品价格随市场价格的波动每日都会有涨价、降价和促销优惠等变化。鉴于以上特点，海尔商城向客户提供价格保护政策，即在客户成功提交订单后 7 日内，如订单内商品降价，客户可通过联系网站在线客服申请价格保护。海尔商城会在接到申请后的 3 个工作日内，将客户申请时的价格与订购商品的价格差以现金券的形式予以返还。

实例二：戴尔电子商务平台（www.dell.com.cn）。

戴尔（Dell）成立于 1984 年，其目标是成为全球领先的 IT 产品及服务提供商，一直致力于倾听客户需求，提供客户所信赖和注重的创新技术与服务。其因一贯坚持直接销售基于标准的计算机产品和服务，并提供最佳的客户体验，能够不断巩固其市场领先地位。戴尔在全球的产品销量高于任何一家计算机厂商。其中国区网站首页如图 1–11 所示。

独立的企业电子商务平台可以帮助企业实现零库存和个性化定制，从而使得戴尔可以实现直销的经营模式。戴尔的客户群一般是各大小型企业、政府机关、学校和其他研究机构，另外还有一些一般的消费市场。按照客户要求制造电脑并直接发货，这使戴尔能够从市场得到第一手的客户反馈和需求信息，然后业务部门便可以及时将这些客户信息传达到戴尔原材料供应商和合作伙伴那里，实现对客户要求的快速反应。

图 1–11　DELL 网站（中国区）首页

课堂讨论

你还知道哪些公司型电子商务平台？简单介绍一下。

知识回顾

（1）电子商务的含义：电子商务指的是利用微电脑技术和网络通信技术进行的商务活动。电子商务的含义有广义和狭义之分。电子商务的具体含义可以从参与对象、技术手段、商务活动三个方面理解

（2）电子商务的发展：电子商务的发展经历了雏形期、发展期、稳定发展期、成熟期四个阶段。

（3）电子商务的模式：当前普遍使用的电子商务分类标准是按照参与交易的主体来划分的，在这种标准下电子商务的交易模式分为 B2B 交易模式、B2C 交易模式、C2C 交易模式、B2G 交易模式、C2B 交易模式、ABC 交易模式、B2B2C 交易模式、O2O 交易模式几种。

（4）电子商务的作用本章从企业、经济和社会方面讲述了电子商务的作用。

（5）电子商务的平台的种类：本章从电子商务平台的特征、实例等方面介绍了水平型电子商务平台、垂直型电子商务平台、公司型电子商务平台。

课后练习

1. 什么是电子商务？
2. 电子商务有哪些模式？
3. 简述电子商务平台的类型。

拓展阅读

电子商务对国际贸易的影响

电子商务在国际贸易中的广泛应用也引起了国际贸易的一系列变化，并对其起着积极的推动作用。

国际贸易运行方式和环境发生了重大变化。网上订货、网上促销、网上谈判都为国际贸易开辟了新的发展形式。EDI 工程是信息技术与社会化服务系统的结合，进出口商利用电子表格进行商品的报关、商检、保险、运输、结汇等工作，大大减少了人力、物力和时间的消耗，降低了流通成本和交易费用，加快了国际贸易的节奏。这种网上的信息交换开辟了一个崭新的市场空间，突破了传统市场必须以一定的地域存在为前提的条件，全球以信息网络为纽带连成一个统一的大市场，促进了世界经济全球市场化的形成。信息流带来

的商品、技术等生产要素的全球加速流动导致了全球"网络经济"的崛起,在这种网络贸易的环境下国家与国家之间的经贸联系与合作得以大大加强。

国际贸易经营管理方式发生了重大变革。以计算机网络信息技术为核心的电子商务系统,利用信息技术改造传统贸易,为国际贸易提供了一种信息较为全面的市场环境,达到跨国资源和生产要素的最优配置,从而使市场机制能够更为充分有效地发挥作用。这种方式突破了传统贸易以单向物流为主的运作格局,实现了物流、信息流、商流高度统一的全新经营战略。这种经营战略把代理、展销等多种传统贸易方式融为一体,把全部进出口货物所需要的主要流程如市场调研、国际营销、仓储报关、商检等引入计算机网络,为世界各地的制造商和贸易商提供全方位、多层次、多角度的互动式商贸服务,解除了传统贸易活动中的物质、时间、空间对交易双方的限制,促进了国际贸易的深入发展。

网络零售

中国零售业曾以每年翻倍的门店扩张速度开启了高速增长的"黄金十年"。但经历一番粗放式的野蛮增长后,传统零售业遭遇了瓶颈。由于受到电子商务的冲击,传统店铺物理网络布局的零售模式已经行不通了。而随着中国经济下行,零售企业扩张店铺的模式开始暴露风险,整个传统零售业呈现增速放缓、利润下滑的趋势,网络零售逐渐发展起来。

【知识目标】

1. 掌握网络零售的含义、网络零售市场的特征、网络零售的优势和劣势,网络零售与传统零售的比较。
2. 了解网络零售的现状及发展趋势。
3. 掌握网络零售的交易流程。

【技能目标】

1. 能够正确认识网络零售。
2. 能够根据整个网络零售的发展趋势预测某个行业网络零售的发展趋势。
3. 能够按照网络零售的交易流程在网上购买商品。

【知识导图】

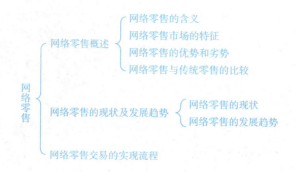

拼多多：从下沉到上浮的攻城战

中国的网购用户像是恐怖片演员，有人挥舞着刀子，想剁手又迟迟不能下决心；有人高举手机，对着七舅姥爷的三外甥女怒吼："砍我！砍我！"前者是淘宝用户，后者是拼多多用户。在电商江湖淘宝和京东"二帝并尊"的时代，黄峥率领拼多多通过专注"五环外市场"，竟从两巨头口中生生撕下一块肉，"下沉市场"的概念从此引爆。2019年上半年，拼多多共承接订单70亿件，约占中国快递总数的四分之一。一个新的转变是，"下沉"已久的拼多多正在谋求上浮。在2019年二季度的财报电话会议上，面对来自高盛、花旗等机构的众多分析师，拼多多战略副总裁九鼎表示：拼多多的一、二线城市GMV（网络成交金额）占比已经从1月份的11%猛增至48%。换言之，拼多多正在攻入淘宝、京东的高线腹地。同时，老对手阿里超7成活跃用户来自下沉市场；京东超一半用户被低线占去。两边竞相攻占对方老巢，展开了一次"战术换家"。从财报数据看，拼多多尽管在营收上仍大幅落后，但营收增速远超京东、阿里巴巴两巨头。在拼多多攻城战一年前，"五环内视障"的说法甚嚣尘上，拼多多在争议中化身"消费升级"的天使。一年后的拼多多杀向五环内，面对巨头们构筑的高壁深垒，架起云梯预备攻城。

一、拼多多攻占高线？

拼多多真的攻占了一、二线城市吗？本着求真务实的态度，笔者对身边朋友使用拼多多购物的情况进行了调查。调查显示，55%的人有使用拼多多购物的记录。他们当中的18%因广告了解拼多多，剩余的人都是被拼多多无处不在的砍价链接"感召"而来的。这些砍价链接大多来自家庭群的分享，由于链接本身往往夹杂着令人不胜其烦的捆绑消息与广告，一位用户看到拼多多微信砍价链接的第一反应是："花里胡哨的，以为是骗人的网站。"但在家人的急切催促下，砍价活动本身还是完成了向用户传达软件信息的使命。一位用户的母亲是"多多果园"的忠实玩家。这是一款拼多多版的"蚂蚁森林"，它推出的时候正值蚂蚁森林大热，而"多多果园"比蚂蚁森林更胜一筹：它将用户刺激从公益贡献直接提升到实物奖励——一箱水果。为了领取水滴养熟水果，这位母亲习惯于在每天的固定时间领取水滴、拜访好友，并频繁地向他们发出邀请。与其说她是来逛网上商城的客户，不如说她是拼多多的"水果推销员"。2018年年底，快递员为她送来奖品——5斤山东烟台丰水梨。她得意地向亲朋分发梨子并炫耀："这梨是我种出来的。"在高线城市用户看来，这简直是不可思议的事：世上竟有人甘愿投入如此漫长的精力与时间，去置换一箱价值几十元的水果。有在拼多多上费尽心思寻找水滴的时间，他们宁愿缩到床上，用睡眠消平自己的黑色眼袋。志坚先生在北京工作，在一次朋友圈的砍价活动中，他首次接触了令他产生"有点low"印象的拼多多。当时他需购买练习书法用的宣纸，而拼多多给出的诱人价格最终令他两次下单购买。在笔者的调查中，几乎所有人使用拼多多购物的理由都是廉价。一位在拼多多买了垃圾袋的用户表示："太便宜了，一分钱一卷，还包邮！"其他受访者的所购商品大同小异：苹果、手机支架、拉力绳、充值话费、衣服等。对拼多多根深蒂固的质量低下印象，在高线城市用户中形成了心理学上的所谓"刻板偏见"。他们的选购理由大同小异：便宜，对质量没什么要求。而一旦要购买高档耐用品，他们便坚决点开京东或淘宝，拼多多被遗忘到九霄云外。调查的结果是，45%的用户表示不会再用拼多多；真正对购物体验满意的仅占36%；剩余19%的用户模棱两可，表示："如果要买便宜的、不在意质量的小东西，会选择拼多多。"结果真正验证了那句名言：打江山容易，守江山难。

二、"血战"618

整个2019财年（备注：阿里巴巴财年为4月1日至次年3月31日），阿里巴巴集团GMV总量高达5.727万亿元，同期拼多多GMV仅为5574亿元，阿里巴巴各平台总销售额是拼多多的十倍多，二者差距巨大。但拼多多仍有一项数据远胜阿里巴巴：拼多多的GMV同比增速高达181%，约为阿里巴巴的9.5倍。问题是增长从哪里来？显然，黄峥团队不遗余力的广告宣传对销量增长起到了重要作用。拼多多走的是"农村包围城市"的路线，广阔天地大有作为，大笔宣传也少不了。2017年，拼多多在《中国新歌声》的广告语是"一亿人都在拼的购物APP"，而后又变成"三亿人都在拼""四亿人都在拼"。人数增多，宣传费用也水涨船高。从销售和营销支出费用看，尽管拼多多在2019年已经大幅下调了营销费用增速，但二季度61.03亿元营销费的同比增速仍然高达105%。拼多多正在经历从"猛烧钱"到"稳烧钱"的过渡。2018年四季度，他们的营销费用同比增速高达699%，约60亿元的钱砸在推广上。拼多多的攻城战值得一提的是，2019年拼多多首次参加618购物节战场，就豪掷"百亿现金补贴"计划，针对全网最热的10000款商品让利销售。补贴带来了海量人气，从中通快递的统计数据看，2019年二季度拼多多包裹占比达到20%，同比增长7%。从活跃用户数看，到2019年6月9日，拼多多平台日活跃用户数较上月增长超过了1500万。DAU（日活跃用户数量）总量高达1.35亿人次，成功实现了对淘宝和京东的超越。以苹果手机高端机型iPhone XSMax 256G版本为例，官方售价10499元，在拼多多上仅用7688元即可到手。从高考结束当天起，拼多多就迎来"毕业党"的狂热涌入，有毕业生在社交网络炫耀：原以为买手机要自己贴钱，想不到拼多多为他省下一笔"私房钱"。拼多多同样为土豪营销付出代价：宣传成本的递增让拼多多陷入创业企业难以摆脱的持续亏损状态。从财报看，除了2017年四季度略有盈余外，拼多多的经营长期处于亏损状态，像极了此前烧钱换体量的京东。从结果看，2019年二季度波澜壮阔的烧钱战为拼多多夯实了电商战场"三分天下"的格局。二季报发布当天，拼多多美股大涨15.99%，媒体盛赞拼多多"业绩爆好"。补贴战初步告捷，拼多多用财报向全世界的分析师证明，自己有能力守住中国电商行业"三足鼎立"的格局。这一表态触动了英国巴克莱银行的分析师，他们在发布的投资评级报告中首次覆盖了拼多多，并将其初始评级定为"增持"。在报告中，巴克莱方面这样评价拼多多："他们通过独特的拼团和新电商模式，突破了阿里巴巴和京东的双寡头格局，在高端市场潜力巨大。"

三、攻城为下，攻心为上

自2015年成立以来，拼多多打的就是一套"七伤拳"。一方面，注重低端需求人群的廉价策略让拼多多规模猛增，得以形成"阿京拼"三国演义的格局。另一方面，拼多多卖劣质替代品的形象不胫而走，随时有"人设崩塌"的风险。在登录纳斯达克之后，这种针对拼多多的黑与调侃盛行一时，曾引发拼多多巨大的信任危机。据极光大数据统计，拼多多在2018年的主要电商平台中，用户净推荐值仅为1.0，名列倒数第二。拼多多攻城战形势最严峻的时候，黄峥发了一封致全体员工的信："我们自己不要慌乱，不能眉毛胡子一把抓，不能试图一蹴而就……一边倒的正面不是我们追求的，一边倒的负面也从来不是真实的拼多多。我们要扎到最实处，埋头苦干，一点一滴地推动拼多多实实在在的进步。"从习惯来看，高线城市用户看重性价比，但更注重质量。黄峥以及他的团队深知，想攻克高线城市，拼多多就要从"人设"做起，打一场商品质量的"攻心战"。首先要做的就是着手攻克假货关。2018年，拼多多共关闭涉嫌违规商家6万家，拦截商品链接量在3000万以上，同时对假货打出假一罚十的重拳，用户如在拼多多买到假货，只需保留证据上传客服核实，即可获得10倍补偿。为此，拼多多常遭被处罚的商家维权，这些商家因假货问题被拼多多冻结商户货款及保证金，所受损失在数万到数百万不等。他们打着"拼多多非法冻结商家资金，还我血汗钱，欺骗消费者"的标语围堵拼多多总部大楼，更有甚者竟朝公司高管的家门泼油漆。黄峥没有畏惧，在2019年一季报电话会议上，他抛出重磅炸弹：2019年新增500人用于打假，摆明态度，要和假货斗争到底。此外，2018年年底上线的"新品牌计划"也为拼多多的转变出力颇多。不同于网易严选不同供应商统一贴牌的ODM（原始设计制造商）模式，这种模式基于平台需求向供应商开出订单，商品将贴供应商自己的牌子，这就是所谓的"新品牌计划"，这种模式被称为C2M（用户直连制造）。这种模式剔除了渠道、营销等商品附加值，让产品回归使用价值的本位。在整套流程中，供应商获得拼多多提供的销售资源倾斜，买家获得低于市场价的商品。理想状态下，属于双赢。同时获利的还有拼多多自身，黄峥下定决心要将"新品牌计划"打造成重建拼多多"人设"的新舞台：工厂生产将施行可视化管理，即消费者可直接观看流水线直播。黄峥和他的团队期待透明开放的生产过程，将令一、二线用户打消心底的顾虑，将拼多多商品重新归纳到价廉物美的首选名单中。在2019年二季度财报电话会议上，黄峥满意地点评"新品牌计划"："我们已经收到4000多份申请，已有500多家企业参与。我们和生产方分享消费者数据，让他们能改进产品开发和定价策略，这

样他们就能优化产业链并提供更加优质的产品。"有了"新品牌计划",拼多多就有了攻取高线用户的全新云梯。

四、"三国"攻城战

财报电话会上,回顾跌跌撞撞的"攻城史",黄峥愈发感慨:"我们要感谢竞争,因为竞争让我们速度更快地给客户提供服务。就比如618的成功表明了我们走在正确的道路上……今天中国的电商市场还不是一个零和的局势,电商还处在发展的早中期阶段,我们面向的是一个价值30万亿元的零售市场,而且这个市场还在不断扩大。我们应该在资源、活力和创新方面努力,而不是关注竞争对手,争夺市场份额。"尽管黄峥一再把矛盾重心引向关注创新,但"电商三国"的竞争战无疑早已打响。京东及阿里巴巴的2019年二季报均显示,平台的7成以上新用户均来自下沉市场。面对未来,京东打出"厂直优品"牌,谋取产品到用户的"一站式直达";阿里巴巴聚划算则打出"99划算节",扬言要在下沉市场创下万亿增量。"电商三国"显然面临不同的境遇:拼多多站稳下沉市场的同时,需要高端用户旺盛的购买力。阿里巴巴和京东则关注低线城市庞大的增量空间,有意谋取之。

思考:拼多多是网络零售平台的一种,你知道什么是网络零售吗?网络零售有哪些特点?网络零售的交易流程是怎样的?

2.1 网络零售概述

2.1.1 网络零售的含义

网络零售(B2C/C2C)即交易双方以互联网为媒介的商品交易活动,即通过互联网进行的信息的组织和传递,实现了有形商品和无形商品所有权的转移或服务的消费。买卖双方通过电子商务(线上)应用实现交易信息查询(信息流)、交易(资金流)和交付(物流)等行为。网络零售属于针对终端顾客(而不是生产性顾客)的电子商务活动,因此属于B2C的电子商务范畴。

2.1.2 网络零售市场的特征

2019年2月,商务部新闻发言人高峰在商务部例行发布会上介绍,2018年中国网络零售市场规模持续扩大,全国网络零售额突破9万亿元,其中实物商品网络零售额7万亿元,同比增长25.4%,对社会消费品零售总额增长的贡献率达到45.2%,较上年提升7.3个百分点。"在规模增长的同时,新旧动能转换进一步加快,线上线下融合、业态模式创新、质量服务提升等新动能加速形成。"高峰说。

网络零售市场呈以下现五方面的特点：

一是零售品质持续提升，推动消费升级不断深化。2018年，我国网络零售品品质不断提升，有力驱动了消费升级。商务大数据监测显示，在质量和服务上更有优势的B2C模式市场份额达到62.8%，较上年提升4.4个百分点。智能手表、智能音像、翻译机等智能产品受到消费者的青睐，同比增长超过80%。化妆品、粮油食品和家具等品类也实现较快增长，增速分别为36.2%、33.8%和30.1%。

二是农村电商迅猛发展，开辟农产品上行新通道。商务大数据监测显示，2018年全国农村网络零售额达到1.37万亿元，同比增长30.4%；全国农产品网络零售额达到2305亿元，同比增长33.8%。电子商务成为脱贫攻坚的重要手段，由商务部指导、29家单位成立的中国电商扶贫联盟，帮扶对象覆盖351个贫困县，推动企业为贫困地区农产品开展"三品一标"认证，提升农产品品牌化、标准化水平，促进农产品上行取得新进展。

三是社交电商迅速成长，成为市场发展的"生力军"。2018年，社交电商、小程序、短视频等电子商务新模式、新业态取得快速发展。研究机构数据显示，中国社交电商月活跃用户量达到1.7亿人，有效满足了消费者多层次、多样化的需求，在激发中小城市和农村地区消费潜力方面发挥了重要作用。

四是生活服务电商提质升级，生态圈建设成为新重点。2018年，生活服务电商发展迅速，市场加速整合，企业竞争从规模扩张向质量提升发展，利用"即时配送"服务体系，串联起便利店、商超、餐饮等多种业态，形成了覆盖外卖、生鲜、医药、家政服务等生活服务的电商生态圈。商务大数据监测显示，2018年在线餐饮市场规模同比增长超过45%。

五是跨境电商再上新台阶，"丝路电商"合作不断深化。据海关统计，2018年中国跨境电商零售进出口总额达到1347亿元，同比增长50%。2018年，中国与俄罗斯、阿根廷等9个国家新建电子商务合作机制，通过召开电子商务工作促进会与企业对接会等帮助相关国家企业利用电子商务开拓国际市场。中国与柬埔寨、科威特、阿联酋、奥地利等国跨境电商交易额同比增速均超过100%。

2.1.3　网络零售的优势和劣势

1. 网络零售的优势

（1）全新时空的优势。

互联网上的零售商业相对于传统的零售商业具有全新时空优势，这种优势可在更大程度即更大范围内满足消费者的需求。

传统的零售商业是以固定不变的零售地点即商店和固定不变的零售时间为特征的店铺式销售，随着人们需求及作息时间的变化，传统的零售商业更因连锁商店的开设而打破零售空间的僵化，以"7-11"的方式来满足各类消费者的消费时间需求。互联网上的零售商业没有时间限制，24小时营业，零售时间是由消费者即网上用户自己决定的。

此外，网上销售可以随着互联网在全球开展，不存在地理障碍。企业面对的是全球市场，在无须花费昂贵的国际营销费用的条件下，就可能打造一个国际品牌，以最少的成本把商品或服务推向全世界。网络分销商凭借其较高的知名度、信誉度和信息量可以使商品更好地参与国际竞争，这对于处在积极成长过程中的生产企业具有很大的吸引力。

（2）全方位展示产品或服务的优势。

传统的零售业在店铺中虽然可以把真实的商品展示给顾客，但对一般顾客而言，对所购商品的认识往往是很肤浅的，且易为表面的漂亮、好看等所迷惑。

对于一般的日用品来说，网络零售与传统零售相比并无优势，而对于一些耐用消费品等其他复杂工业品来说，网络零售便可利用多媒体的性能，全方位展示产品或服务的外观、性能、品质以及决定产品或服务功能的内部结构，有助于消费者完全地认识商品或服务后再去购买。从理论上说，消费者理性地购买商品既可以提高自己的消费效用，又可以节约社会资源。

（3）信息和比较的优势。

网络提供了全面具体、实效性强、可靠的低成本的信息，利用方便的检索技术和快速的传输过程，消费者可以简单地获得需要的信息。传统的信息传递模式远不如网络方便、快捷、低成本。丰富的信息还可以提供给消费者更多的知识，随着社会分工日益细化和专业化，对于一些耐用的大件产品以及高技术含量产品，消费者缺乏足够的专业知识对产品进行鉴别与评估。尽管消费者得到的各种指标、数据、说明书很多，但对于这些信息内涵缺乏必要的了解。比较、定量化分析模型，谈判软件以及智能代理的出现使消费者可以参考这些分析模型，理性地判断产品价格的合理性，对产品的整体效果进行评定。在这种情况下，企业趋向于按成本定价而不是按顾客价值定价。

（4）密切用户关系，深入了解用户的优势。

互联网的即时互动式沟通，以及没有任何表述自己感想的外界干扰，使得产品或服务的消费者更易表达出自己对产品或服务的评价，这种评价一方面使网上的零售商可以更深入地了解用户的内在需求，另一方面消费者与零售商的即时互动式沟通，促进了两者之间的密切关系。虽然说传统零售商业中优秀的售货员很会注意消费者一丝一毫的反应，从而反馈给制造商，但心理学相关理论证明，大多数消费者在表明他们意见时往往是留有一定余地的，这就是所谓的心理隔阂。事实上，数据采掘技术是电脑在商业领域中非常成功的应用之一。例如，在互联网上，无论是研究谁在访问自己的站点，还是研究谁会对自己的产品或服务感兴趣并购买，都可以利用在网页上放置的特定程序表格自动收集信息。特定程序会在用户访问时要求输入个人的情况特征，并自动将这些数据录入数据库，以便零售商日后进行统计分析。

（5）低成本的优势。

由于互联网的网络零售商是一个虚拟的中介机构，不需要店面、装潢、摆放的商品及货架、营业服务人员等，其成本主要涉及网站建立的费用、软硬件费用、网络使用费用和定期的维持费用，这与传统分销商的经常性支出，如昂贵的店面租金、装潢费用、水电费、人员费用以及各种税收费用相比要低廉得多。如果网络零售商直接向网络服务供应商租赁"店面",其成本将更低。而且互联网的双向信息沟通功能使商品的广告宣传、促销和销售都统一到网上进行,节省了大量的宣传、促销和交易费用。

(6)无存货的优势。

对于企业来说,设置分销渠道成功的关键在于尽可能地消除库存而同时又要尽可能地充分展示,减少库存和充分展示本身就是矛盾的。网络零售商一方面与生产厂家进行网络连接,同时通过网络直接面对用户,和买卖双方都保持着快捷方便的信息传递。在交易过程中,网络零售商可以在接到用户的订单后,再向生产厂家订货,而且不需要把商品实际陈列出来,只需要在站点上列出出售商品的目录和一些商品图样以方便顾客选择。因此网络零售商不需要提前进货,也不会出现库存积压的情况,从而可以最大限度地控制库存,实现无库存经营。可以说,网络分销完全解决了减少库存和充分展示这一矛盾。

2. 网络零售的劣势

(1)缺少感觉和人性化的沟通。

在非网络选购的状态下,消费者是通过看、听、闻、摸等多种感觉来对产品进行判断与选择的,而网络购物只提供了两种可能——看和听。这势必造成对消费者的刺激大大减弱。对于相当一部分人而言,身临其境的购物是一种社会实践,是一种接触社会的机会,是一种享受。网上购物失去了上街闲逛的乐趣,对那种热烈的现场气氛的感受大大减少,购物过程的乐趣必将大打折扣。而在我国,上街购物仍然是许多居民的一种主要的休闲方式。

传统的店面销售所营造出的友好和谐的购物环境、良好的销售人员形象的塑造,对于消费者购买心理产生的影响、刺激作用也因为网络购物的虚拟性而不复存在。因此,人性化沟通与切身感受的缺乏是网上购物的不足之处。

(2)缺少心理的满足。

在传统的购物过程中,由于人群关系的影响,人们喜欢在服饰、化妆等方面展示自我的个性和生活的状况,享受他人的欣赏与羡慕。出入高档商店,在高档的商品柜台前享受售货员细致入微的服务等,都会给人们的心理带来极大的满足感。而在网络购物方式下,没人知道你的长相、你的穿着打扮、你的富裕程度,所以这种购物心理上的满足感是无法达到的。

(3)适用范围有限。

虽然从理论上讲任何产品都可以进行网上交易,但在实际的操作过程中,仍有许多产品不适合网络销售。这涉及产品的属性与特点,如布匹的质感如何用文字给予恰当的描述?何况对布料的手感因人而异。目前,在线销售最成熟的实物产品要数计算机硬件、音像制品、家用电器以及书籍了。因为这些产品的物理性质决定了它们在配送过程中不易耗损和破坏,有些产品还可以免费试用。另外,长期以来,人们已经习惯了这类产品的邮寄、配送过程。

2.1.4 网络零售与传统零售的比较

1. 营业成本控制方面

传统零售的营业成本主要包括商品的含税进货价、存货的管理费用、门店的租金、资本的利息、店员的工资和奖金以及进货运输费等。网络零售的营业成本主要包括含税进货价、资本的利息、店员的工资和奖金以及进货的运输费等。可见，网络零售与传统零售相比较，节约了非常大的一笔门店租金成本和存货管理费用，而且与实体门店相比，网络零售需要的店员的数量也相对减少，工资支出也相对减少。虽然如QQ商城等网络交易平台从2012年3月1日起对商城商户每年收取6000元的费用，但相比昂贵的门店租金，成本仍较低。

2. 消费需求方面

传统零售的消费群体主要以营业门店所在的当地居民为主，收入水平和消费者的偏好都具有地方性，并且受地方性经济波动的影响较为严重；而网络零售的消费群体可以是全体互联网用户，突破了地域性的限制，使得消费需求大大增加，并且可以缓解局部地区经济波动的冲击。因此在消费需求方面，网络零售比传统零售更具优势。

3. 抵御风险方面

传统零售的成本投入较网络零售要高，因此抵御风险的能力也较差。在遇到经济波动的冲击时，传统零售损失的固定不变成本要远远高于网络零售。网络零售因为不受实体门店的限制，可以根据经济的变动，及时把握消费需求的趋势，将较低成本流向新产品的销售中，从而抵御风险。

4. 质量保障方面

传统零售在产品质量方面基本能够做到"一分价钱一分货"，假冒伪劣产品较少。一方面是由于面对的消费群体比较固定，使得信誉口碑更为重要；另一方面是有着固定的门店，质监部门便于对其进行检查和施加一定的压力，使其能够做到童叟无欺。然而网络零售因为没有固定的门店，尤其是淘宝模式下的网络零售，质监部门对他们的质量监督存在着很大的盲点，只能依靠消费者的评价来衡量，滋生了商家通过"一元陷阱"、虚假交易等方式来提高产品销量和信用评价的现象，给消费者的消费选择带来了极大的影响。中国电子商务研究中心发布的《2012年度中国电子商务市场数据监测报告》显示，投诉排名第一的就是退款投诉。消费者缘何退款？很大一部分原因是产品质量问题。

5. 商品定价方面

传统零售可以通过一定程度的价格歧视方法定价，即根据当地市场的需求状况制定当地相应的销售价格，从而实现利润最大化。而网络零售所面临的是一个统一的互联网市场，只能实行统一定价。由经济学理论知识得知，使用价格歧视方法时厂商的利润要大于统一定价的利润。

6. 行业联动方面

行业联动是指一个行业的发展对其他行业的带动和影响。传统零售对区域经济的带动有着重大的意义。一般地，零售门店集聚点必然是某一区域最为繁华的中心地带，因此它可以带动区域餐饮业、娱乐业等的共同发展。

第 2 章 网络零售

网络零售的经营方式

网络零售的经营方式主要有两种：一种是纯网络型零售企业，如美国的亚马逊、中国的当当网等；另一种是传统零售企业触网，将传统业务与电子商务互相整合，如美国的沃尔玛、中国的西单商场等。依托传统零售企业的电子商务发展开始渐入佳境，原因包括：

（1）传统零售商的品牌、信誉优势明显。

（2）物流配送问题较容易解决。

（3）网络零售的成本优势可为客户带来更多的实惠。

2.2 网络零售的现状及发展趋势

2.2.1 网络零售的现状

2019 年 6 月 11 日，中央财经大学中国互联网经济研究院发布《中国网络零售服务业：格局、竞争与生态》专题报告，报告详细阐述了网络零售服务业近年来的发展情况，并指出未来的电商市场正站在新的起点，新的市场增量不断涌现，将助力中国形成一个强大的国内消费市场。

报告认为，近年社交电商和内容电商等新业态不断涌现，但并未被纳入传统网络零售的统计框架中，网络零售总规模较现有统计口径被低估。2018 年，社交电商、内容电商等新业态规模至少占传统 B2C 网络零售 GMV 的 32.12%，2019 年为 60% 以上。

报告分析，过去的竞争相对简单，是特定流量的竞争，少数平台流量高（如阿里巴巴、京东）；现在的竞争则很复杂，是零售数字化的竞争，如"近场化"的消费场景（如微信小程序）、优化零售体验、压缩物流成本（如盒马鲜生）。未来的创新将是生态的竞争，是从前端消费到后端革新，是从前端内容进入购物状态（如抖音、头条），是智慧预测（如京东仓储，保证周转和现货达到最优平衡点），是最优布局（如菜鸟，以大数据优化流通体系供应链，多网协同）。

2019 年 4 月，全国网络零售额累计突破 3 万亿元。据国家统计局数据显示，2019 年 4 月中国社会消费品零售总额为 30586 亿元，同比增长 7.2%，增速比上月回落 1.5%，主要是受五一假期移动（2018 年假期 3 天中有 2 天在 4 月份）影响。据测算，如果剔除假期移动因素，4 月份增速与 3 月份基本持平。2019 年 1—4 月中国社会消费品零售总额达到 128376 亿元，同比增长 8%，增速比前 3 个月回落 0.3 个百分点。

网络零售保持快速增长，线上销售占比稳步提升，如图 2-1 所示。2019 年 1—4 月全国网络零售额达到 30439 亿元，同比增长 17.8%，其中实物商品网络零售额达到了 23933 亿元，增长 22.2%，增速比一季度加快 1.2 个百分点。2019 年 1—4 月中国实物商品网络零售额占社会消费品零售总额的比重为 18.6%，比一季度提高 0.4 个百分点，比上年同期提高 2.2 个百分点。

图 2-1 2018—2019 年 1—4 月全国网络零售额、实物商品网上零售额统计及增长情况

注：数据来源于前瞻产业研究院整理。2018 年 1—10 月网络零售额增速、实物商品网上零售额分别为 25.5%、26.7%。

1. 从零售电商到网络零售服务

电商服务业概念提出迄今已 10 多年，环境已经发生变化。随着线上线下的融合发展，当年的电商服务业已不仅限于服务纯电商，而是服务线上线下所有零售商家，应称为网络零售服务业。成交总额是整个网络零售服务生态体系各角色共同作用的结果：交易与营销服务（广告属于营销）属于基础服务，而物流和支付等服务逐渐独立分化，不再是电商的依附，成为独立通用服务，运营与技术服务依然是衍生服务。

2017 年，全国零售服务业成交总额规模达 6 万亿元（线上与线下总和），占社会零售总额的 18%。拆分来看，线下的交易服务（主要是租金）占了大头，约占总量的 40% 以上，高于线上，而广告、物流、运营方面的占比则比线上少很多。线上部分主要是广告、物流、运营这三部分占据了线上零售服务的 90% 以上，其中物流占了近 1/3。零售服务的收入就是零售商的成本，因此，线上与线下各有优势，融合发展是大趋势。

2. 网络零售服务各领域"后来者居上"

在网络广告行业，BAT（百度、阿里巴巴、腾讯）占据了大部分江山，其中百度 17%、阿里巴巴 36%、腾讯 10%。今天，在社交电商的发展潮流下，传统网络广告的内涵正在发生改变。

在线上交易行业，主流是阿里巴巴和京东，新兴的社交电商几乎普遍采取免佣金模式，或者佣金费用极少。从线上、线下的对比来看，线下实体商业的租金占了 93%，其实线上租金绝对量并不大。

在支付行业，第三方支付占据了 45% 的市场份额，在消费者日常生活中必不可少。微信支付后来居上，2018 年，在线下场景中，微信支付份额已达 56%，超过支付宝的 36%，而线上场景支付宝占 46%，略有优势。

在物流行业，2017 年，顺丰以 711 亿元营收位列快递行业第一。

在仓配行业，则是苏宁与京东两家线下诞生和注重物流基础建设的电商保持领先，这也是这两家电商物流服务过硬的基础实力。

如今的网络零售服务行业正在经历重大变革，针对客户（零售商、品牌商）、用户（消费者黏性）、场景（特定场景解决方案）、信誉（社会信用）四大目标的网络零售服务的综合实力比拼才刚刚开始。

3. 跨界竞争、颠覆式创新塑造市场新格局

不同时段竞争关系不同。例如 2007 年，当时没有智能手机，平台电商与垂直电商边界明显，因此，各大企业争夺的主要是用户（消费者）。2014 年开始，电商综合化趋势出现，边界开始模糊，各大电商平台开始争夺客户（零售商）入驻。2017 年，小程序出现，微信支付走上轨道，腾讯以颠覆式创新的方式正式闯入电商行业，并随着线上、线下融合，开发线下小程序，进入网络零售服务行业，服务线下零售商。

2018 年，服务已不再稀缺，用户时间和注意力成为稀缺资源。社交电商与内容电商兴起，"头条系"杀入网络零售服务行业。消费者在社交平台和内容平台就能完成购物，

而且很大一部分购物需求正是社交平台和内容平台创造的,没有必要再专门登录购物平台购物,从此"购物流量"这样的概念或许将不再存在。

4. 实践创新超过理论更新,网络零售成交总额规模被严重低估

电商新业态层出不穷,而理论没有跟上实践的发展,这或许是今天行业面临的最重要问题。

例如,微商从一开始的"小打小闹",到2018年成交总额规模超过11000亿元只用了4年时间,这还仅仅是微商的规模,小程序并未计算在内。因为没有将这些创新业态纳入统计,所以,报告认为中国网络零售市场被严重低估。

如果将微商和拼多多等新业态纳入统计,2018年,中国B2C网络零售的成交总额规模应是6.6万亿元,而不是5万亿元。

2.2.2 网络零售的发展趋势

你认为中国的网络零售将会有怎样的发展趋势?

在消费升级以及流量增长触碰瓶颈的大背景下,电商产业的发展在2019年迎来了巨大变化。

2019年8月,电子商务司负责人介绍了2019年上半年全国网络零售市场的发展情况。数据显示,2019年上半年全国网络零售额达4.82万亿元,同比增长17.8%,增速进一步加快。其中,B2C零售额占全国网络零售额的比重达75.8%,较上年同期提升4.1个百分点。化妆品、智能家居、保健品等商品成为旺销品,销售额同比增速均超过30%。

作为电商产业最为直观的外在体现,网络销售的情况与电商的发展息息相关,下面我们一起结合2019年上半年网络销售市场的特点来看看网络零售的发展趋势。

1. 下沉市场的潜力开始释放

数据显示,2019年上半年全国农村网络零售额达7771.3亿元,同比增长21.0%,增速高于全国3.2个百分点。全国农产品网络零售额1873.6亿元,同比增长25.3%。

从数据可以看出,一方面,基于淘宝、拼多多、京东等大电商对下沉市场的耕耘,农村市场对网购的需求得到了拓展,带动了销售额的大幅增长。从占比来看,农村网络销售额占全国网络销售额的16%,未来还有很大的提升空间。另一方面,电商产业的发达以及物流运输的发展开始惠及农产品的销售。以前,很多农产品困于销售渠道、交通不便等原因,出现了大规模的农产品滞销问题。现在,淘宝村播等直播电商正为农产品打开新的网络销售渠道,不但给了相关农产品一个向全国消费者展示的窗口,也可以帮助解决农产品滞销问题;不仅如此,邮政、顺丰等快递企业近年对农村市场的物流建设也功不可没,不但全面打通农村"最后一公里",而且针对鲜果等农产品量身制定了新的物流供应链,为农产品在全国地区的销售打下了基础。

除了农村市场之外,从地区之间的差异性也可以发现下沉市场正在崛起。数据显示,大城市生鲜、化妆品、宠物用品等零售额增长较快,而中小城市和农村地区服装、汽车用品、大家电等零售额增长较快。从品类来看,大城市的需求偏向于高端产品,对其他日用、家电的需求反而不大,但是中小城市仍然对服装、家电等产品有强劲的需求,未来也还会对高端产品有更长足的需求。从这个角度来看,下沉市场会有更好的发展潜力。

进入2019年,各大电商对下沉市场的争夺也进入了白热化阶段。阿里巴巴正通过淘宝村播、淘宝村、聚划算等加强对下沉市场的布局;京东拼购不但全面升级了招商政策,而且即将得到微信10亿级别流量的加持;苏宁易购上线"快手小店"、收购60余家OK便利店,也开始加速布局下沉市场。

下沉市场的潜力已经逐步释放,电商平台和物流快递企业的深入布局不但将为电商行业带来新的流量,而且会给农村、中小城市带来红利。

2. 跨境电商成为新风口

数据显示,2019年上半年主要跨境电商平台零售进口额同比增长超过20%。从源产地看,日本、美国、韩国进口额排名前三,占比分别为19.1%、13.9%和10.7%。从品类看,化妆品、粮油食品和日用品进口额排名前三,占比分别为34.8%、24.7%和9.6%。

随着国民生活水平的提高,国内消费者对海外商品的需求也越来越旺盛。iiMedia Research(艾媒咨询)数据显示,2018年中国海淘用户规模超1亿人,2019年增长50%,达到1.5亿人。不断扩大的市场需求支撑了跨境电商的快速发展,预计2020年中国跨境电商交易规模将达12.7万亿元。

在市场需求的不断扩大下,相关政策也开始顺应趋势,对跨境电商领域释放利好。

2019年开始实施的《中华人民共和国电子商务法》提到将促进跨境电商发展,支持企业做跨境电商;2019年8月,商务部电子商务和信息化司司长骞芳莉表示要完善跨境电商的政策体系,大力发展"丝路电商",助企业"走出去"。此外,海关总署、商务部都在同期表达了对跨境电商发展的重视。未来,随着相关政策的完善,不仅是进口跨境电商,出口跨境电商也将得到快速发展。

从国内来看,跨境电商业务尚处于"群雄争霸"时代,网易考拉、天猫国际等头部平台正在茁壮成长中,国际电商巨头亚马逊在中国的"海外购"也有很强的竞争力。网易考拉涉入了直播电商,天猫国际正上线英文站加码跨境电商,亚马逊的"海外购"在2019年7月的会员日购物节中大获成功。从市场份额来看,各头部跨境电商平台并未与其他竞争对手拉开很大差距。总体而言,跨境电商仍然是一个充满变数及发展潜力的领域。

3. 线上、线下融合的"新零售"迎来洗牌

在电商流量见顶的大背景下,线上、线下的融合开始加速,线上与实体的融合向着贴近消费者、提升运营效率的方向发展。与此同时,经历了最初的一轮热潮之后,各类线上、线下的融合发展模式都开始迎来盈利难题,已经开始洗牌。

一方面,原本专注于线上销售的电商平台开始注重与线下实体店的融合,其中尤其以生鲜领域的发展最为瞩目。以盒马鲜生和超级物种为例,这两家生鲜新零售的代表都迎来了首家门店的关闭,并且不约而同地受到了盈利难题的制约。目前,这两家新零售代表正在不断探索新的发展模式,以图寻求突破。京东及天猫等平台也对各类门店有不同的试点,而除了生鲜领域,以特卖为代表的唯品会也开始布局"线上+线下"的融合模式,以求新的发展。回首2019年上半年,各大电商平台、各大领域都开始布局线下门店,以求突破流量困局。

另一方面,原来坚守线下的企业也开始加大力度布局线上。以家电零售巨头苏宁易购为例,2019年苏宁易购加快了其"智慧零售"的布局,其中针对线上资源的拓展尤其令人印象深刻。在2019年举办的苏宁808拼购日活动中,24小时订单总数突破2600万元,花了4个小时便超越了去年同期全天订单数,足见苏宁在线上渠道的拓展效果。另外,原来一直坚守线下门店的星巴克,在受到瑞幸咖啡的冲击后,不但迅速推出了外卖服务,而且专门打造了"线上点单到店自取"的"啡快"门店,如此迅速的转变为星巴克带来了业绩上的起色。而作为破局者的瑞幸咖啡,仍然在盈利与烧钱之间苦苦挣扎。此外,沃尔玛、永辉、家乐福等原来以线下商超零售为主的巨头,也都开始了新零售转型之路。

从各界的布局来看,线上、线下的融合正在加速,而无论是生鲜还是特卖,或者是便利店、咖啡,加速洗牌的趋势也越发明显。以线上、线下融合为核心的新零售正在悄然间迎来关键的转变,也许随时可能迎来第二轮爆发。

电商产业发展到2019年,正好赶上了消费升级的年代,这对整个行业形成了巨大的利好,其中尤其以跨境电商的火热最为明显。

与此同时,线上流量的见顶决定了下沉市场的发展,也决定了线上、线下融合的大趋势。目前,下沉市场的潜力已经逐渐显现,而属于下沉市场的争夺却还未分出胜负,但无论哪些企业最终能在下沉市场称王,对中小型城市及农村来说都是一件好事。而在经历前期的热潮之后,线上、线下的融合及相关产业在2019年迎来了变革,行业迎来了洗牌,在部分玩家退出的同时,也不断有新的玩家参与进来,其所涉及的领域、行业有越来越广的趋势,而盈利则成了全行业追求的目标。

总体而言,尽管会受到流量增长困难的影响,也会受到全球贸易形势的影响,但是电商产业仍然活力十足,有望在各个细分领域创造新的历史。

2.3　网络零售交易的实现流程

网络零售交易的实现流程如下：

（1）消费者开始浏览商家的网页。建立安全的通道，要求 WWW 服务器具有服务器证书［此处的证书并非用于交易，只是建立浏览器的 SSL（安全套接层）链接，也可以不用 SSL 链接］。在消费者发起 HTTP 请求时，自动建立 SSL 链接。建立安全通道的目的主要是保证消费者在选择物品和填写送货信息时的信息安全。

（2）消费者选择物品放入购物车。消费者选择物品放入购物车时，商户系统为消费者建立订单号。

（3）消费者结账。消费者选择结账方式，一般采用网上支付方式。消费者单击"支付"按钮时，商家向用户浏览器发出 Wakeup 的消息，唤醒用户的电子钱包。电子钱包可以是浏览器自带的（如 IE 的 E-wallet），也可以是 CA 认证（电子认证）推荐的软件。

（4）消费者发送初始请求给商家。在消费者填写正确的账号信息后，提交支付，发送初始请求。信息中包括银行信息和订单号，以便于商家选择相应的支付网关，即选择消费者的开户行。

（5）商家发送初始应答及证书。商家收到初始请求以后，产生应答信号并进行数字签名（应答消息包括商家号，订单号，费用，订单细目的摘要、时间）；商家获得支付网关的密钥交换证书；商家将初始应答和商家证书、支付网关证书一并传给消费者。消费者收到应答并发送购买请求。具体如下：

第一，消费者收到商家应答，用商家的公钥解开数字签名，对比签名中的内容是否和签名外的内容一致，验证商家证书。

第二，消费者验证商家签名并验证订单细目是否一致；消费者产生订购信息 OI（OI 包括商家号，订单号，订单细目的摘要、时间）；对该摘要用自身签名私钥加密，形成数字签名。

第三，消费者产生支付信息 PI 并进行数字签名（PI 包括商家号、订单号、费用、信用卡号、密码、时间）；用支付网关的公钥加密 PI 信息，形成数字信封，成为加密的 PI 信息，该信息只有用支付网关的私钥才能解开，商家无法解开，以确保用户金融信息的私密性；在这里 OI 不需要用支付网关的私钥进行加密。

第四，消费者将 OI 和加密的 PI 制成数字信封连同消费者证书传递给商家。

（6）商家收到购买请求。商家接收到购买请求以后，首先解开数字信封获得 OI，验证消费者证书，然后商家比较订单的摘要是否相同，并将支付信息送至支付网关。

（7）商家发送支付授权请求。商家产生授权请求并对授权请求进行数字签名，以此形成数字信封；商家将形成的数字信封、商家证书及消费者发送给支付网关的 PI 数字信封发送给支付网关；将消费者证书一并发给支付网关，便于验证签名。

（8）支付网关收到支付授权请求。支付网关收到支付授权请求以后，验证商家证书，并解开授权请求数字信封，得到授权请求消息；支付网关验证商家数字签名和消费者证书并解开 PI 数字信封，得到支付信息 PI，验证消费者数字签名；支付网关核对商家号、订单号、费用、时间，并进行唯一性检查；支付网关将用户卡号、密码、费用转换为 8583 格式。

（9）支付网关将 8583 格式的金融信息发送给金融机构。

（10）金融机构主机将确认消息传送给支付网关。

（11）支付网关授权应答。支付网关产生授权应答消息并对授权应答消息进行数字签名；支付网关将签名后的信息形成给商家的数字信封并将其连同支付网关签名证书一并传送给商家。

（12）商家处理授权应答。首先，商家验证支付网关的签名证书并解开支付网关的数字信封，得到签名的授权应答；然后，商家验证支付网关的数字签名并保存该数字签名及消息，作为收款凭证。至此，商家完成购买请求。

（13）商家向消费者发送支付成功消息。商家产生电子票据，包括商家号、订单号、订单细目、时间，并进行数字签名；商家将电子票据和商家证书发送给消费者。

（14）消费者收到确认消息。消费者收到确认消息以后，验证商家证书和商家签名，保存电子票据，关闭电子钱包，返回浏览器就能收到支付成功信息。

知识回顾

（1）网络零售的含义：交易双方以互联网为媒介的商品交易活动，即通过互联网进行的信息的组织和传递，实现了有形商品和无形商品所有权的转移或服务的消费。

（2）网络零售市场的特征：一是零售品质持续提升，推动消费升级不断深化；二是农村电商迅猛发展，开辟农产品上行新通道；三是社交电商迅速成长，成为市场发展"生力军"；四是生活服务电商提质升级，生态圈建设成为新重点；五是跨境电商再上新台阶，"丝路电商"合作不断深化。

（3）网络零售的优势和劣势：本章从网络零售的时空特点、展示产品或服务、信息、用户关系、成本存货七个方面介绍了网络零售的优势，从沟通、心理满足、适用范围三个方面介绍了网络零售的劣势。

（4）网络零售与传统零售的比较：本章从成本控制、消费需求、质量保障、商品定价、行业联动六个方面介绍了网络零售与传统零售的区别。

1. 什么是网络零售？
2. 网络零售的发展趋势是怎样的？
3. 你是如何看待网络零售的？

网络零售的7C理论

网络零售的7C理论是指：C1，消费者便利；C2，消费者价值与利益（商品）；C3，消费者成本（价格）；C4，沟通与消费者的关系（促销）；C5，计算机与品类管理；C6，消费者特许；C7，消费者关心与服务。

一、消费者便利

4P理论（营销理论，即product、price、place、promotion）中的渠道更关注消费者便利，尊重消费者选择便利的消费方式。对于零售商来说，渠道是影响选址决策的最重要因素。这对于专营网上销售的企业（B2B/B2C）来说也同样重要。因为消费者更喜欢多渠道方式购物：浏览网页，然后在实体商店购物；或者在网上购物，在实体店铺要求退换货。B2C企业的"选址"其实指的就是虚拟选址以及搜索网页的便利程度，因此，搜索引擎注册、网站的域名选定以及相关链接都成为其必备要素。便利性同样包含网页设计，如网站导航、网站布局以及购物流程。

二、消费者价值与利益

"4P"理论中的"商品"不是简单的待售商品，而应被看作"消费者的价值与利益"，即消费者所需服务与满意度的结合体。消费者购买的不仅是商品本身，还需要商家提供舒心的解决商品问题的途径。网络零售可以在商品范围的深度及广度上与实体零售相抗衡。不同的是，进行网上购物时，消费者很少能像在实体商店购物一样热衷于寻求帮助。当网上消费者希望了解商品而得不到帮助时，他们很有可能会放弃交易，然后寻找另外一家。因此，网络零售需要特别关注消费者的价值与利益，商品介绍要尽量清楚、翔实。

三、消费者成本（价格）

"4P"理论中的"价格"是指公司定价，而"消费者成本"则是指消费者为商品所支付的真实花费。消费者对于在网上购买商品有更低的价格预期，而当消费者通过其他方式购物却花费更高时，可能就会超过消费者的预期。因此，应给网络零售的商品制定合理的价格，包括商品的运费、税金等问题，这需要企业制订合理的价格计划。

四、沟通与消费者的关系（促销）

4C理论［消费者（consumer）、成本（cost）、便利（convenience）和沟通（communication）］

中的"沟通"与4P理论中的"促销"相对应。促销是指将商品销售给消费者的所有方法，是单向过程，而沟通是一个双向过程，它还包含消费者信息反馈的逆向过程。网上销售无法使用面对面的营销方式，所以可以利用"网页氛围"来使消费者购物时心情愉快，就像实体店铺利用视觉（装饰格调）、嗅觉（香味）、触觉、听觉（音乐、声音）等来制造营销氛围。网上销售还可以利用自己掌握的消费者数据库资源来为商品提升价值，利用数据来挖掘消费者对商品或者图片的需求，还可以主动提供商品的信息，推荐新的商品或者优惠价格信息给消费者。

五、计算与品类管理问题

最近几年，零售物流飞速发展，这首先归功于零售行业实力增强，对供应链的控制力有所提高。在网络技术的应用下，很多供应商和零售商之间的信息共享大大提高了供应链的效率。比如很多企业会分享直营店或者专卖店终端的销售数据，及时补货调货，实现零库存；分享库存数据给代理商和批发商，可以进行库存查询，让上下游的供应厂商实现生产计划和进度的数据分享，掌握交期和质量。供应商和零售商的合作是更好地满足消费者需求和减少库存成本的关键，所以现在的B2C购物网站不是简单的订单流程与物流流程，其后台的数据库可以和多项其他的信息管理系统做接口，如CRM（客户关系管理）、MIS（管理信息系统）等。这方面亚马逊就做得非常出色，其依靠高效的物流系统以及CRM系统完成网站上的直销业务。

六、消费者特许

成功的网络零售商看重商品质量，注重消费者关心与服务，会花精力在声誉、信誉上，提高消费者满意度，这正是在努力提高"消费者特许"上下功夫。电子商务目前发展势头强劲，但不可否认，很多消费者对于网上购物缺乏信任。所以为了留住自己的目标消费群体，许多网站也开始逐渐导入品牌创建概念，借助品牌塑造的形象使消费者放心购买其商品。eBay就含有5个层次的安全措施，包括预防欺诈和解决争议。淘宝也开出了淘宝商城，其目的就是对企业在网上销售时所承诺的商品与服务的质量加强管理。

七、消费者关心与服务

不可否认，网络零售本身还是归属在服务性质的行业中，绝对应该更加关心服务的质量和种类。多数B2C网站在合适的时间提供具有竞争性的价格，都在依靠一些活动向消费者传达一种服务理念。比如在消费者方便时进行快捷可靠的投递，提供电话咨询以及退货和退款的服务，定期提供新商品的预告以及活动促销的优惠赠券，利用等值的积分兑换奖品或者是获得节日的礼品等，甚至开辟留言板、BBS等功能来引导消费群体抒发购物心得，交流其他方面的资讯。成功的B2C网站都在提高消费者购物乐趣，提高购物便利性以及减少购物之后的服务障碍方面做了诸多努力。这里就不再一一列举了。

第3章 电子支付与交易安全

随着计算机技术、网络通信技术的不断发展，电子商务环境日趋成熟，作为电子商务重要环节之一的电子支付也得到了迅猛发展。与此同时，商务安全的问题也变得越来越突出，如何保证电子支付与交易过程中的安全，已经成为消费者和商家十分关心的问题。

【知识目标】

1. 掌握网上支付的概念、系统组成，第三方支付的概念、发展与现状、实例，移动支付的概念、分类，网上银行的概念、特点、服务。
2. 了解关于电子交易方面的安全技术。

【技能目标】

1. 能够利用第三方电子支付平台完成业务操作。
2. 能够完成各大银行的网络银行业务操作。

【知识导图】

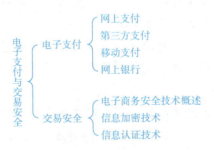

案例导入

网络支付——纸币会彻底消失？

"十年后现金很可能将不存在。"2016年，德意志银行联合首席执行官约翰·克赖恩在达沃斯论坛上预测说。2016年中国人民银行筹备成立数字货币研究所的消息进一步引发热议，各界人士纷纷猜想央行（中国人民银行）的数字货币会渐行渐近。

纸币真的要消失了吗？发行数字货币又会对我们的生活产生什么影响呢？

央行发行的数字货币目前主要是替代实物现金，降低传统纸币发行、流通的成本，

提升经济交易活动的便利性和透明度。

事实上，中国人口多、体量大，换一版纸币，小的国家几个月就可以完成，而中国则需要10年左右的时间。因此，在较长时期内，数字货币和纸币将并存流通。对于普通百姓来说，未来到银行取钱时，既可以选择兑换实物货币，也可以选择兑换数字货币。

有人或许会问，那数字货币与电子支付（如支付宝、微信支付等）有什么区别呢？在实际使用体验中，数字货币可能与电子支付方式的感受类似，但两者从本质上来看还是有着较大区别的：支付宝、微信支付等只是电子支付方式，交易时所用的钱都是从银行账户而来的，实际上还是对应着一张张钞票，而数字货币就是钱。

此外，数字货币与大家熟知的Q币和各类游戏中充值的货币等虚拟货币也不同，虚拟货币只能用真实货币购买，而不能转化成真实货币。

央行数字货币与较为著名的数字货币，如比特币、莱特币、狗狗币以及我国民间的元宝币等也有区别，比特币等数字货币没有集中的发行方，任何人都有可能参与制造并使其在全球流通，而央行数字货币是由央行发行加密的、有国家信用支撑的法定货币。

关于法定数字货币的原型系统研发正在进行中，至于中国法定数字货币的推出时间，目前还未确定。

很多人还会有疑问：数字货币发行后会改变货币流通量吗？我们手中的货币会因货币增发而缩水吗？

数字货币主要是指货币形态，货币的发行规模依然由央行控制，而至于发行纸币还是数字货币只是形态的变化，不会导致货币缩水。

现在央行数字货币尚处于探讨阶段，很多问题还在研究中。不过人们在实践中已越来越趋向于使用电子银行、电子支付而不愿携带纸币，以后市面上流通的纸币或随此趋势而减少。

相比于纸币，数字货币优势明显，不仅能节省发行、流通带来的成本，还能提高交易或投资的效率，提升经济交易活动的便利性和透明度。

不过数字货币发行后，以下这几类人要坐不住了。银行柜员：随着数字货币时代的到来，人们带的现金会越来越少，需要去银行办事的人自然也就少了，所需要的处理现金业务的柜员数量自然也会减少。印钞厂和造币厂员工：随着市场上流通现金的减少，印钞厂和造币厂需要印刷的钞票和制造的货币数量也自然会减少。偷税、漏税人群：数字货币使得经济交易活动的透明度提高，洗钱、逃漏税将难上加难。

特别是作为一个经济大国，我们在这方面一定要避免犯实质性的、难以弥补的错误，所以要慎重一些。在这个过程中要经过充分的测试，局部的测试可靠了以后再进行推广。

思考：数字货币时代将到来，电子商务将如何面对这一机遇与挑战呢？

3.1 电子支付

课堂讨论

你知道哪些电子支付方式？各有什么特点？

3.1.1 网上支付

1. 网上支付的概念

网上支付指的是客户、商家、网上银行之间使用安全电子手段，把新型支付工具如电子现金、银行卡、电子支票的支付信息通过网络安全地传送到银行或相应的处理机构，从而完成支付的整个过程。

中国互联网络信息中心发布的第 45 次《中国互联网络发展状况统计报告》显示，截至 2020 年 3 月，我国网络支付用户规模达 7.68 亿，较 2018 年底增长 1.68 亿，占网民整体的 85.0%；手机网络支付用户规模达 7.65 亿，较 2018 年底增长 1.82 亿，占手机网民的 85.3%，如图 3-1 所示。

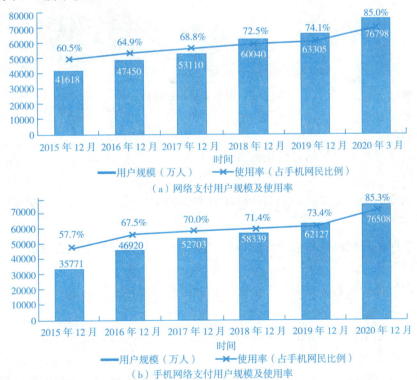

图 3-1 2015 年 12 月—2020 年 3 月网络支付／手机网络支付用户规模及使用率
资料来源：中国互联网发展善统计调查。

网上支付提供了满足资金流通需求的基本服务。随着科学技术和应用水平的不断发展，网上支付的应用领域越来越广泛，覆盖了网购、在线旅游、互联网金融、教育等多个领域。

2. 网上支付系统的构成

网上支付的形式多样，但基本的网上支付系统主要是由互联网、客户、商家、客户开户行、商家开户行、支付网关、银行网络、认证中心组成的，如图3-2所示。

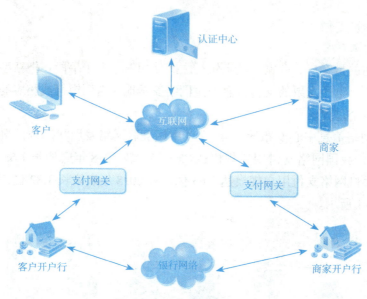

图3-2　网上支付系统结构

（1）互联网。

互联网是电子商务交易信息传送的载体。

（2）客户。

客户是指在电子商务交易中购买产品或者服务的单位或者个人，作为交易中的买方。

（3）商家。

商家是指向客户提供商品或服务的单位或者个人，作为交易中的卖方。

（4）客户开户行。

客户开户行指的是为客户提供资金账户和网络支付工具的银行。

（5）商家开户行。

商家开户行是指为商家提供资金账户的银行。

（6）支付网关。

支付网关是互联网和银行网络之间的接口，支付信息必须通过支付网关才能进入银行支付系统，进而完成支付的授权和获取。

（7）银行网络。

银行网络，也称作金融专用网，是银行内部及银行间进行通信的网络，具有较高的安全性和稳定性。

（8）认证中心。

认证中心（CA）是可以信赖的第三方机构，承担网上电子交易认证服务，是能签发数字证书，并能确认用户身份的服务机构。

3.1.2 第三方支付

1. 第三方支付的概念

所谓第三方支付，就是买卖双方在交易过程中的资金"中间平台"，是一些和产品所在国家以及国内外各大银行签约，并具备一定实力和信誉保障的第三方独立机构提供的交易支持平台。

在通过第三方支付平台的交易中，买方选购商品后，使用第三方支付平台提供的账户进行货款支付，由第三方支付平台通知卖家货款到达，进行发货；买方检验物品后，通知付款给卖家，第三方支付平台再将款项转至卖家账户。同时第三方支付平台还给消费者与商家提供了各类更为丰富的、具有创新性的支付产品与服务保证。

2. 第三方支付的发展与现状

随着电子商务的高速发展，我国第一家第三方支付平台首信易于 1999 年成立。首信易是典型的早期互联网支付网关模式企业，其二级结算模式为中国在线支付的首创。随着网络购物市场的不断扩张，淘宝等电商平台的发展，相继出现了支付宝、财付通等支付平台。这些第三方支付平台在买卖双方之间构建了一个第三方支付账户，用来解决跨行、异地支付等问题，同时通过信用中介的模式保障买卖双方在交易过程中的安全性，解决了买卖双方之间的信任问题，在一定程度上防止了电子商务交易中的欺诈行为的发生，消除了人们对于网上交易的顾虑。

随着第三方支付平台的进一步发展，市场规模不断扩大，市场竞争加剧，第三方支付平台陷入了不计成本的价格战，同时第三方支付平台的发展依然处于无法可依的状态，第三方支付市场急需得到监管和规范。

2005 年 10 月，中国人民银行以指导性法规文件的形式颁布了《第三方支付索引》，对第三方支付中的银行及其客户提出了规范性要求，国家拟对第三方支付服务商发放牌照，进行准入制度的管理。

2010 年 6 月，中国人民银行颁布《非金融机构支付服务管理办法》，2011 年 5 月第一批非金融机构支付业务许可证（简称"第三方支付牌照"）颁发，允许第三方支付企业作为在收付款人之间的中介机构提供网络支付、预付卡发行预受理、银行卡收单以及中国人民银行确定的其他支付服务的非金融机构。截至 2015 年 9 月 8 日，中国人民银行共发放 270 张第三方支付牌照。

2011年5月,中国支付清算协会成立,作为行业自律和内部协调的自律性组织,进一步引导协会成员的行业自律并形成市场规范。协会成员主要包括银行、财务公司、第三方支付企业等。

在此之后,我国相继出台了多项法规制度,包括《支付机构预付卡业务管理办法》《支付机构客户备付金存管办法》《银行卡收单业务管理办法》《支付机构互联网支付业务风险防范指引》《关于加强商业银行与第三方支付机构合作业务管理的通知》《关于促进互联网金融健康发展的指导意见》《非银行支付机构网络支付业务管理办法(征求意见稿)》等,进一步细化对第三方支付业务的监管措施,不断提高第三方支付监管措施的可操作性,规范第三方支付市场。

艾瑞咨询统计数据显示,2014年中国第三方互联网支付交易规模达到80767亿元,同比增速达到50.3%,第三方支付市场发展十分迅猛,如图3-3所示。

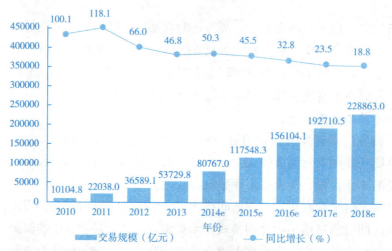

图3-3　2010—2018年中国第三方互联网支付交易规模

注:①互联网支付是指客户通过桌式电脑、便携式电脑等设备,依托互联网发起支付指令,实现货币资金转移的行为;②统计企业类型中不含银行、银联,仅指规模以上非金融机构支付企业;③艾瑞根据最新掌握的市场情况,对历史数据进行修正。

资料来源:综合企业及专家访谈,根据艾瑞统计模型核算。

易观2019年第1季度发布的《中国第三方支付互联网支付市场季度监测报告2019年第1季度》显示,2019年第1季度中国第三方支付互联网支付市场交易规模为63352.4亿元人民币,环比升高0.39%。

第三方互联网支付市场竞争格局仍然延续上季度排名,支付宝以23.62%的占比继续保持互联网支付市场第一名,银联商务保持行业第二的位置,市场占有率保持在23.49%;腾讯金融以9.72%的市场占有率位列第三,前三家机构共占据互联网支付行业交易份额的56.83%,如图3-4所示。

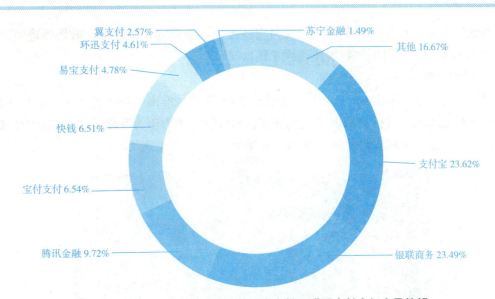

图 3-4　2019 年第 1 季度中国第三方支付互联网支付市场交易份额

注：以上数据根据厂商访谈、易观自有监测数据和易观研究模型估算获得，易观将根据数据的最新市场情况对历史数据进行微调，部分企业未溃溢。

3. 国内第三方支付典型平台

（1）支付宝。

支付宝（www.alipay.com）是阿里巴巴旗下的第三方支付平台，也是目前国内最大的第三方支付平台。自 2003 年 10 月淘宝网首次推出支付宝服务，2004 年 12 月浙江支付宝网络科技有限公司正式成立以后，支付宝率先推出了"担保交易"的模式，如图 3-5 所示。后又推出"全额赔付"支付，提出"你敢用，我敢赔"承诺，使得网上支付的安全得到了最大限度的保障，深受用户的喜爱。

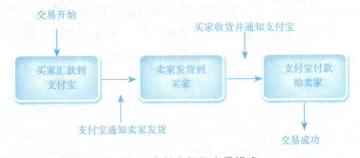

图 3-5　支付宝担保交易模式

截至 2019 年底，支付宝平台全球用户数已经超过 12 亿。2020 年上半年支付宝与超过 300 家金融机构合作，覆盖了绝大部分的线上消费场景，同时大力拓展各种线下场景，包括出租车、公共交通、超市、便利店、餐饮等，业务范围不断拓展。同时在境外超过 30 个国家和地区，近 2000 个签约商户已经支持支付宝收款，覆盖 14 种主流货币支付。在跨境购物退税方面，2013 年支付宝开始支持韩国购物退税，2014 年支付宝更将退税服务扩展到了欧洲。在金融理财领域，支付宝还推出了余额宝、招财宝、股票等理财产品，2020年8月支付宝理财用户数累计达到7亿。

（2）财付通。

财付通（www.tenpay.com）是腾讯公司于2005年9月推出的在线支付平台，其核心业务是帮助在互联网上进行交易的双方完成支付和收款，致力于为互联网用户和企业提供安全、便捷、专业的在线支付服务，如图3-6所示。

图3-6　财付通网站首页

财付通所占市场份额仅次于支付宝，排在第二位。截至2019年年底腾讯拥有6亿多QQ的活跃用户，财付通以此为支撑，同时借助微信支付、QQ钱包两种新支付入口的快速发展使其市场占比进一步扩大。

（3）拉卡拉。

拉卡拉（www.lakala.com）成立于2005年，其专注于社区O2O电商产品与服务，其创造的社区店+电商与金服平台+身边小店APP三位一体模式很好地解决了线下零售店对接电子商务的难题，是"互联网+"的典型模式，如图3-7所示。

图3-7　拉卡拉网站首页

拉卡拉覆盖了个人支付、企业支付、征信、小贷等多个领域，2019年拉卡拉收单交易金额3.25万亿元，扫码支付交易金额6400亿元，拥有近1亿个人用户，截至2018年年底拉卡拉拥有1900万企业用户。拉卡拉主要的产品包括拉卡拉手环、拉卡拉手机收款宝、蓝牙手机刷卡器、拉卡拉POS等。

3.1.3 移动支付

1. 移动支付的概念

移动支付也称手机支付，就是允许用户使用其移动终端（通常是手机）对所消费的商品或服务进行账务支付的一种服务方式。单位或个人通过移动设备、互联网或者近距离传感直接或间接向银行金融机构发送支付指令，产生货币支付与资金转移行为，从而实现移动支付功能。

艾瑞咨询的统计数据显示，2014年中国第三方移动支付市场交易规模达59924.7亿元，第三方移动支付交易规模继续呈现超高速增长状态，如图3-8所示。我国用户上网习惯已经从PC端逐渐迁移至移动端，随着支付场景的不断拓展，用户已经开始习惯使用移动支付工具，移动支付市场发展前景良好。

图3-8　2009—2018年中国第三方移动支付市场交易规模

注：①统计企业类型中不含银行和中国银联，仅指第三方支付企业；②自2014年开始不再计入短信支付交易规模；③艾瑞根据最新掌握的市场情况对历史数据进行修正。
来源：艾瑞综合企业及专业访谈，根据艾瑞统计模型核算及预估数据。

易观智库发布的《中国第三方移动支付市场季度监测报告2019年第4季度》和《中国第三方互联网支付市场季度监测报告2019年第四季度》数据显示，2019年第4季度，中国第三方支付互联网支付市场的总体交易规模为60497.3亿元人民币，中国第三方支付移动支付市场的总体交易规模达561815.1亿元人民币，如图3-9所示。

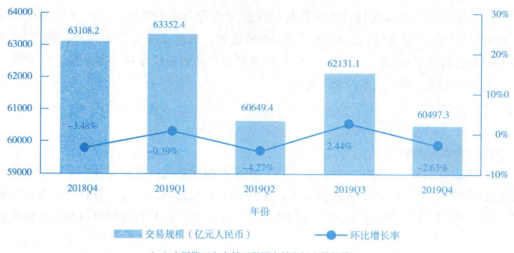

（a）中国第三方支付互联网支付市场交易规模

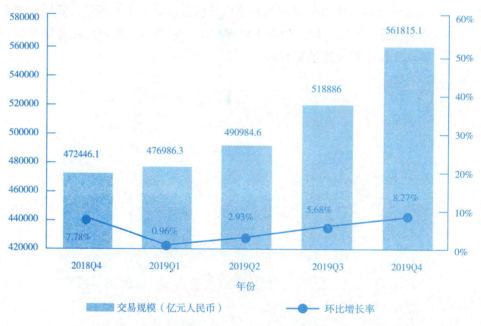

（b）中国第三方支付移动支付市场交易规模

图3-9　2018Q4—2019Q4中国互联网与移动支付市场交易规模

注：以上数据根据厂商访谈、易观自有监测数据研究模型估算获得，易观将根据掌握的最场情况对历史数据进行微调。

另外，从2019年第4季度第三方支付移动支付市场份额看，支付宝、腾讯金融、壹钱包占据市场交易额规模的前三位，市场份额分别为54.61%、38.98%、1.12%。支付宝在消费类场景交易中一直保持领先优势，尤其第4季度更是传统高增长季节。除了电商类交易爆发带动整体商业类交易增幅明显之外，数字金融产品的持续推广也带动了相关金融类产品交易规模扩大，例如保险保持了高速增长。整体来讲，支付行业生态扩展呈现齐头并进的态势。腾讯金融第 4 季度亦受益于商业类交易的增长，其日活跃用户规模和月度覆盖商户规模均创下自身新高，新推出的微信支付分产品对其商户交互有较好的促进作用。第 4 季度壹钱包交易规模保持稳定。在 B 端，壹钱包进一步向金融、航旅、文娱、零售等行业输出科技服务，如，"财酷"业务，提供一体化的企业消费及费用管理解决方案。在 C 端，壹钱包 APP 通过平安集团"108 财神节""黑五海淘""双十二"等运营活动，带动交易规模保持稳定，如图 3-10 所示。

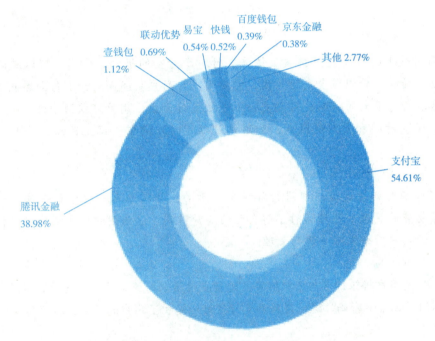

图 3-10　2015 年第二季度中国第三方移动支付市场份额

注：以上数据根据厂商访谈、易观自有监测数据和易观研究模型估算获得，易观将根据掌握的最新市场情况对历史数据进行微词，部分企业未涵盖。

2. 移动支付的分类

基于业务模式，根据支付距离，移动动支付主要分为两种：远程支付和近场支付。

（1）远程支付。

远程支付是指通过发送支付指令（如网银、电话银行、手机支付等）或借助支付工具（如通过邮寄、汇款）进行的支付方式。

远程支付参与方、监管方众多且产业链很长，其中的运营商、银行、第三方支付平台、手机厂商都有主导整个业务模式的可能。目前远程支付主要可以通过短信、移动互联网等媒介来完成。

（2）近场支付。

近场支付是指消费者在购买商品或服务时，即时通过手机向商家进行支付，支付的处理在现场进行，使用手机射频（NFC）、红外、蓝牙等通道，实现与自动售货机以及POS机的本地通信。

目前近场支付主要方式有扫码支付、声波支付、NFC等。

知识拓展

移动支付的特征

一、时空限制小

互联网时代下的移动支付打破了传统支付对于时空的限制，使用户可以随时随地进行支付活动。传统支付以现金支付为主，需要用户与商户之间面对面支付，因此，对支付的时间和地点都有很大的限制；移动支付以手机支付为主，用户可以用手机随时随地进行支付活动，不受时间和空间的限制，如用户可以随时在淘宝等网上商城进行购物和支付活动。

二、方便管理

用户可以随时随地通过手机进行各种支付活动，并对个人账户进行查询、转账、缴费、充值等功能的管理，还可随时了解自己的消费信息。这为用户的生活提供了极大的便利，也更方便用户对个人账户进行管理。

三、隐私度较高

移动支付是用户将银行卡与手机绑定，进行支付活动时，需要输入支付密码或指纹，且支付密码不同于银行卡密码。这使得移动支付较好地保护了用户的隐私，其隐私度较高。

四、综合度较高

移动支付有较高的综合度，其为用户提供了多种不同类型的服务。例如，用户可以通过手机缴纳家里的水费、电费、燃气费，进行个人账户的管理，进行网上购物等各类支付活动。这体现了移动支付有较高的综合度。

3.1.4 网上银行

1. 网上银行的概念

网上银行又称网络银行、在线银行，是指银行利用互联网技术，通过互联网向客户提供开户、查询、对账、行内转账、跨行转账、信贷、网上证券、投资理财等传统服务项目，使客户足不出户就能够安全便捷地管理活期和定期存款、支票、信用卡及个人投资等。

网上银行突破了时间、空间的限制，是一种可以在任何时间、任何地点，以任何方式提供金融服务的全天候银行。网络银行通过互联网的提交渠道接受客户办理业务的申请，打破了传统商业银行的结构和运行模式。

20世纪90年代,随着互联网的发展和普及应用,银行的经营方式也呈现了网络化的趋势。1995年10月18日,美国诞生了第一家网上银行——美国安全第一网上银行(Security First Network Bank)。随后,全球绝大部分有影响的商业银行陆续建立了自己的网上银行,网上银行已成为银行业的重要发展领域之一。

与国际发达国家和地区相比,我国网上银行起步较晚。中国银行于1996年建立了自己的网站,成为我国第一家网上银行。在此之后,招商银行、工商银行、建设银行等各大银行纷纷推出了网上银行业务。

我国网上银行发展势头强劲,市场规模不断扩大,同时不断推出各种创新性的产品和服务,传统银行的大部分业务被网上银行所取代。艾瑞咨询统计数据显示,2017年中国商业银行电子银行交易笔数高达1947.5亿笔,电子银行替代率达到84.5%,如图3-11所示。随着移动互联网的爆发,未来商业银行将形成以网银支付为基础,移动支付为主力,电话支付、自助终端、微信银行等多种电子渠道为辅的电子银行业务结构。

图3-11 2009—2017年中国电子银行交易笔数和替代率

2. 网上银行的特点

相对于传统银行,网上银行在运行机制和服务功能方面都具有不同的特点。

(1)虚拟化、智能化。

网上银行是通过互联网这一虚拟化的空间开展业务的,客户无须银行工作人员的帮助,真正实现了能在任何时间、任何地方以任何方式为客户提供超越时空的、智能化的服务,因此也称为"3A银行"。

(2)运营成本低。

网上银行通过网络提供服务大大节约了运营成本。传统模式中大量的分支机构和营业网点被计算机网络、计算机服务器、网络终端的个人电脑所取代,可以节省巨额的场地租金、室内装修费用、照明及水电费用。而且网上银行只需雇用少量人员,人工成本也随之迅速下降。

（3）创新性。

随着经济的发展，个性化的消费需求日益凸显，为了满足不同客户的需求，网上银行利用其成本低廉和互联网信息资源丰富的优势，推出了许多金融创新性服务，提高了服务、信息的附加值，如手机银行、微信银行、超级网银、互联网金融理财等。

（4）个性化。

网上银行可以突破地域和时间的限制，提供个性化的金融服务产品。网上银行将"以客户为中心"的思想融入银行经营的全过程，在低成本的条件下实现高质量的个性化服务。

3. 网上银行的服务

网上银行的服务主要包括公共信息服务、个人网上银行、企业网上银行、银行电商商城。

（1）公共信息服务。

网上银行的公共信息服务面向网上所有用户开放，为用户提供信息、最新银行动态、业务种类查询等服务。具体包括信息发布、银行介绍、银行业务范围介绍、银行网点查询、存贷款利率查询、外汇牌价利率查询、国债行情查询、各类申请资料查询、投资理财介绍、客户服务介绍等。

（2）个人网上银行。

个人网上银行是网上银行的一项基本业务，如中国工商银行个人网上银行业务包括账户信息查询、转账汇款、代理缴费、个人投资理财、信用卡相关业务、保险投保、个人贷款等，如图3-12所示。

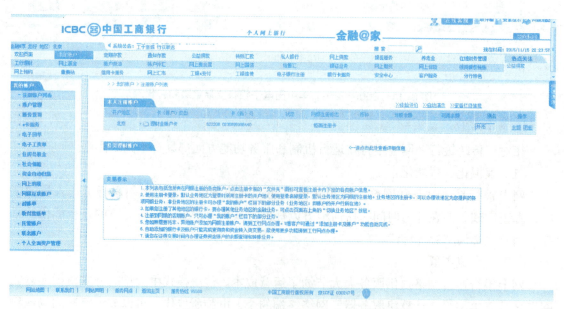

图3-12　中国工商银行个人网上银行

（3）企业网上银行。

目前网上银行针对企业的相关业务专门推出满足企业需求的企业网上银行，如中国工商银行企业网上银行业务包括账户管理、网上汇款转账、网上外汇汇款业务、信用证业务、网上融资、供应链金融业务等，如图3-13所示。

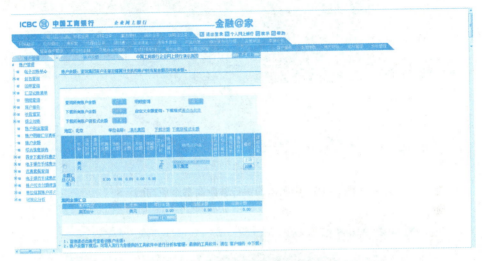

图3-13　中国工商银行企业网上银行

（4）银行电商商城。

利用自身在金融行业的优势，目前中国银行、中国工商银行、中国建设银行等多家银行都已涉足电商领域，纷纷搭建了电子商务平台，实现电商金融一站式服务。图3-14、图3-15、图3-16所示为中国建设银行电商平台。银行电商商城主要涉及B2B、B2C、金融超市、房产等。

图3-14　中国建设银行善融商务个人商城

图 3-15　中国建设银行善融商务企业商城

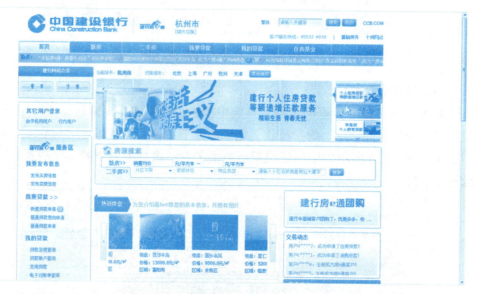

图 3-16　中国建设银行房 e 通

3.2　交易安全

3.2.1　电子商务安全技术概述

　　电子商务交易真的安全吗？有什么样的安全隐患？我们应怎样解决电子商务交易过程中的安全问题？这些问题都是人们经常考虑的，并严重影响了电子商务的发展。

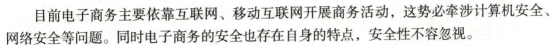

目前电子商务主要依靠互联网、移动互联网开展商务活动,这势必牵涉计算机安全、网络安全等问题。同时电子商务的安全也存在自身的特点,安全性不容忽视。

1. 电子商务交易面临的安全威胁

中国互联网络信息中心发布的第 45 次《中国互联网络发展状况统计报告》显示,截至 2020 年 3 月年,截至 2020 年 3 月,56.4% 的网民表示过去半年在上网过程中未遭遇过网络安全问题,较 2018 年底提升 7.2 个百分点。通过分析网民遭遇的网络安全问题发现(图 3-17):遭遇网络诈骗的网民比例较 2018 年底下降明显,达 6.9 个百分点;遭遇账号或密码被盗的网民比例较 2018 年底下降 5.2 个百分点;遭遇其他网络安全问题的网民比例较 2018 年底也有所降低。

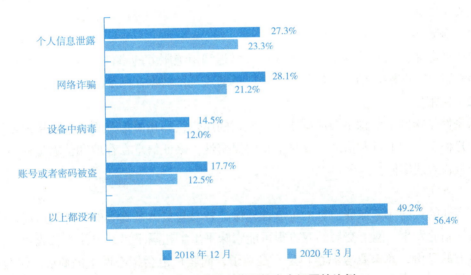

图 3-17 网民遭遇各类网络安全问题的比例

资料来源:中国互联网络发展状况统计调查。

一般来说,电子商务交易过程中面临的安全威胁有以下几种。

(1)信息泄露。

电子商务交易过程中的信息泄露主要包括交易双方进行交易的内容被第三方窃取,以及交易一方提供给另一方使用的文件被第三方非法使用。

目前在电子商务交易过程中,信息泄露的事件层出不穷,很多电子商务网站都曾遭到一定程度的信息泄露。例如,曾经有黑客通过地下产业链出售 12306 用户数据,经安全专家鉴定,13 万条用户数据为黑客通过以往泄露的大量网民数据库攻击筛选所得。

(2)信息篡改。

电子商务交易过程中,信息在通过网络传输的过程中可能被他人非法修改、删除或重放。其主要表现包括:篡改授权,使信息被某个未经授权的人取得;删除部分消息;修改信息中的一部分，让接收方对接收到的信息不能很好地识别或者接收到一个错误消息。

（3）信息假冒。

当攻击者掌握网络信息数据规律或解密商务信息以后，可以假冒合法用户或发送假冒信息来欺骗其他用户。其主要表现包括伪造电子邮件、假冒他人身份等。

（4）信息破坏。

电子商务交易信息在网络上传输时出现错误或失败是电子商务中的信息被破坏的表现。网络软硬件出现问题时会导致传输信息的丢失，一些恶意的程序也会导致电子商务信息遭到破坏。

2. 电子商务安全要素

电子商务交易过程中存在各种不安全因素，要保证商务活动正常可靠地进行，必须考虑以下安全要素。

（1）有效性。

电子商务系统应在技术上尽量避免系统延迟和拒绝服务的事件发生，要对计算机软硬件、病毒等产生的潜在威胁加以预防和控制，保证交易的数据在确定的时刻、地点是有效的。

（2）保密性。

保密性是指网络信息不会泄露给未经授权的用户，即相关信息只被授权用户使用，以确保用户信息、网上订购信息、支付信息的保密性，保证信息在存取和传输过程中不被泄漏给非授权人或实体。

（3）真实性。

真实性的目的在于保证消息的可靠性，保证各参与实体是真实的、可承担责任的，防止网络诈骗的发生。网上交易的双方很可能素昧平生、相隔千里，要使交易成功，首先要确认对方的身份，商家要考虑客户是不是骗子，而客户也会担心网上的商店是不是黑店。因此，能方便而可靠地确认对方身份是交易的前提。鉴别方式包括源点鉴别和实体鉴别，即要能准确鉴别信息的来源，鉴别彼此通信的对等实体的身份。

（4）完整性。

完整性是要求数据在传输或存储过程中不会被非法修改、删除或重放，要确保信息的顺序完整性和内容完整性。完整性与机密性强调的侧重点不同，机密性强调信息不能被非法泄露，而完整性强调信息在存储和传输过程中不能被偶然或蓄意修改、删除、伪造、添加、破坏或丢失，必须保持原样。信息的完整性表明了信息的可靠性、正确性、有效性和一致性，只有完整的信息才是可信任的信息。

（5）不可否认性。

不可否认性是指防止发送方或接收方否认消息的发送或接收。接收方可以证实消息确实是从声明的发送方发出的。当接收消息时，发送方也能证实消息确实由声明的接收方接收了。这相当于在传统的纸面贸易方式中贸易双方通过在交易合同、契约等书面文件上签名，或是通过盖上印章来鉴别贸易伙伴，以确定合同、契约、交易的可靠性，并预防可能的否认行为的发生，这就是人们常说的"白纸黑字"。

3. 电子商务安全体系结构

　　一个全方位的电子商务安全体系结构包含网络的物理安全、访问控制安全、系统安全、用户安全、信息加密、安全传输和管理安全等。充分利用各种先进的主机安全技术、身份认证技术、访问控制技术、密码技术、防火墙技术、安全审计技术、安全管理技术、系统漏洞检测技术、黑客跟踪技术，在攻击者和受保护的资源间建立多道严密的安全防线，极大地增加了恶意攻击的难度，并增加了审核信息的数量，利用这些审核信息可以跟踪入侵者。电子商务安全体系结构如图 3-18 所示。

图 3-18　电子商务安体系统结构

3.2.2　信息加密技术

　　信息加密技术是电子商务采取的主要安全保密措施，是最常用的安全保密手段。数据加密技术可以在一定程度上提高数据传输的安全性，保证传输数据的完整性。信息加密技术利用加密算法把重要的数据变为乱码（加密）传送，到达目的地后再用相同或不同的算法还原（解密）。它综合了数学、计算机科学、电子与通信等诸多学科。利用信息加密技术可以达到电子商务安全的需求，保证商务交易的机密性、完整性、真实性和不可否认性，实现信息加密、数字签名、身份验证等多项功能。

所谓信息加密技术包括信息的加密和解密两个过程。信息加密的基本思路是发送者采用加密算法对原始信息（明文）进行伪装以隐藏其真实信息，即将明文伪装成密文。信息解密的基本思路中是接收者接收到密文后，以相应的解密算法将密文解密成明文，然后再进行相应的处理。在这个过程中还需要采用密钥进行加解密。信息加解密技术基本原理如图 3-19 所示。

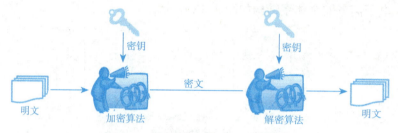

图 3-19　信息加解密技术基本原理

根据发送方与接收方密钥是否相同，可以将加密技术分为对称密钥加密技术和非对称密钥加密技术。

1. 对称密钥加密技术

对称密钥加密技术就是指在加密和解密的过程中双方使用同一密钥进行加解密。对称密钥加密技术是通信双方都采用相同的加密算法并交换共享的专用密钥，加解密的速度比较快，大大简化了加解密的处理过程。

对称密钥加密技术虽然加密和解密都比较快，但问题是如何将密钥传给要保密的用户。因此，对称加密是在共同保守秘密的基础上才得以实现的。采用对称加密技术的通信双方必须保证采用的是相同的密钥，保证彼此密钥的交换是安全可靠的，同时还要设定防止密钥泄密和更改密钥的程序。这样，对称密钥的管理和分发工作将变成一件具有潜在危险的和烦琐的过程，如图 3-20 所示。

图 3-20　对称密钥加密技术

2. 非对称密钥加密技术

非对称密钥加密技术与对称密钥加密技术不同，用户的加密密钥与解密密钥不同，即需要两个密钥：公开密钥（以下简称公钥）和私有密钥（以下简称私钥）。这对密钥中的任何一把都可以作为加密密钥，另外一把则作为解密密钥，但公钥与私钥必须成对出现。如果用公钥对数据进行加密，则只能用对应的私钥才能解密；如果用私钥对数据进行加密，那么只能用对应的公钥才能解密。如果没有相对应的密钥，则加密者本身也无法解密。当然，从加密密钥获得解密密钥是非常困难的，如图3-21所示。

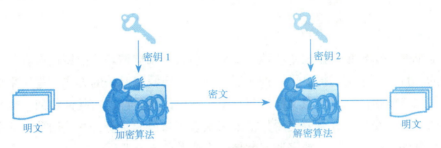

图3-21 非对称密钥加密技术

3.2.3 信息认证技术

在电子商务中，参与的各方往往素未谋面，所以信息认证是电子商务安全很重要的一部分，依靠信息认证技术可以解决不可否认性、完整性等问题。

1. 数字签名

在国际标准中数字签名被定义为："附加在数据单元上的一些数据，或是对数据单元所做的密码变换，这种数据和变换允许数据单元的接收者用以确认数据单元来源和数据单元的完整性，并保护数据，防止被人（如接收者）进行伪造。"数字签名是目前电子商务、电子政务中应用最普遍、技术最成熟、可操作性最强的一种电子签名方法。它能确保商务交易过程中信息的完整性、真实性和不可否认性。

数字签名的全过程分为签名与验证两个阶段，如图3-22所示。

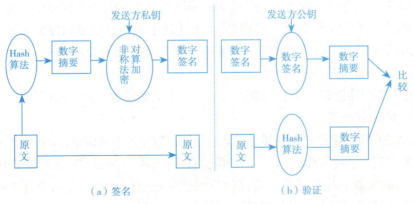

（a）签名　　　　　　　（b）验证

图3-22 数字签名的全过程

（1）签名阶段。

发送方将原文通过 Hash 算法生成数字摘要，再对生成的数字摘要用其签名的私钥对其进行非对称加密得到数字签名，发送方将原文与数字签名一起发送给接收方。

（2）验证阶段。

接收方验证签名，即发送方用公钥解密数字签名，得出数字摘要；接收方将原文采用同样的 Hash 算法又得到一个新的数字摘要，将两个数字摘要进行比较，相同则签名得到验证，否则无效。

2. 数字证书

数字证书是一个经证书授权中心数字签名，包含证书申请者（公钥拥有者）个人信息及其公钥的文件。数字证书提供了一种在互联网上进行身份验证的方式，是用来标志和证明网络通信双方身份的数字信息文件，与日常生活中的身份证、驾驶证相似。在网上进行电子商务活动时，交易双方需要使用数字证书来表明自己的身份，并使用数字证书来进行有关的交易操作。通俗地讲，数字证书就是个人或单位在互联网上的身份证，在互联网上解决"我是谁"的问题。

一个标准的数字证书主要包含以下内容：

（1）证书的版本信息。

（2）证书的序列号：序列号是一个整数值，在发行的证书颁发机构中是唯一的。

（3）证书所使用的签名算法：算法识别符识别证书颁发机构用来签署证书的算法。证书颁发机构使用它的私钥对每个证书进行签名。

（4）证书的发行机构名称（命名规则一般采用 X.500 格式）及其用私钥的签名。

（5）证书的有效期：提供证书有效的起止日期。

（6）证书使用者的名称。

（7）证书使用者的公钥信息：为证书识别的主体提供公钥和算法识别符。

数字证书如图 3-23 所示。

3. CA 认证中心

CA（Certification Authority）是认证机构的国际通称，它是一个权威的、可信赖的、公正的第三方机构，专门提供数字证书服务。CA 认证中心的目的是加强数字证书和密钥的管理，提高电子商务交易各方的信任度，控制交易风险，提高交易的安全性。CFCA 是中国金融认证中心，如图 3-24 所示。

CA 认证中心的功能包括证书的申请与审批、证书的发放、证书的归档、证书的作废、证书的更新、密钥管理等。

（1）证书的申请和审批：包括接受验证最终用户数字证书的申请，确定是否接受最终用户数字证书的申请。该过程需验证用户的身份信息是否可信，并且实时在线接受用户申请。

（2）证书的发放：中心接受、验证用户的数字证书的申请，并将申请的内容进行备案，根据申请的内容确定是否受理该数字证书的申请。

第 3 章 电子支付与交易安全

图 3-23 数字证书

图 3-24 中国金融认证中心

（3）证书的归档：证书具有一定的有效期，证书过了有效期之后就将被作废，但是不能将作废的证书简单丢弃，因为有时可能需要验证以前的某个交易过程中产生的数字签名，这时就需要查询作废的证书。基于此类考虑，认证中心还应当具备管理作废证书和作废私钥的功能。

（4）证书的作废：由于一些原因，如私钥泄露、证书包含的相关信息改变以及使用的终止等，证书必须被作废。证书的作废是通过维护 CRL（证书废止列表）来实现的。

（5）证书的更新：证书更新指在不改变证书中订户的公钥或其他任何信息的情况下，为订户签发一张新证书。

（6）密钥管理：自身密钥的产生、存储、备份、恢复、归档和销毁，为认证中心与各地注册审核发放机构的安全加密通信提供安全密钥管理服务；确定客户密钥生存周期，实施密钥吊销和更新管理；提供密钥生成和分发服务；提供密钥托管和密钥恢复服务；其他密钥生成和管理、密码运算功能。

数字证书的类型

个人数字证书，主要用于标识数字证书自然所有人的身份，包含了个人的身份信息及其公钥，如用户姓名、身份类型、证件号码等，可用于个人在网上进行合同签订、订单录入审核、操作权限、支付信息等活动。

机构数字证书，用于机构在电子政务和电子商务方面的对外活动，如合同签订等方面。证书中包含机构信息和机构的公钥以及机构的签名私钥，用于标识证书持有机构的真实身份。此证书相当于现实世界中机构的公章，具有唯一性，即每个机构只有一个。

设备数字证书，用于在网络应用中标识网络设备的身份，主要包含了设备的相关信息及其公钥，如域名、网址等，可用于 VPN 服务器、Web 服务器等各种网络设备在网络通信中标识和验证设备身份。

代码签名数字证书，签发给软件提供者的数字证书，包含了软件提供者的身份信息及其公钥，主要用于证明软件发布者所发行的软件代码来源于一个真实的软件发布者，可以有效防止软件代码被篡改。

公钥基础设施（PKI）是支持公钥管理并能支持认证、加密、完整性和可追究性服务的基础设施。随着电子商务安全技术的发展，PKI 成为一种新的安全技术和安全规范。PKI 是由证书申请者、注册机构（RA）、认证中心、证书库（CR）和证书信任方等共同组成的。

（1）证书申请者：证书的持有者，证书的目的是把用户身份与其密钥绑定在一起，在进行网上交易时，证书的作用是验证身份、生成和校验数字签名、交换加密数据等。

（2）注册机构（RA）：RA系统是CA的证书发放、管理的延伸。它负责证书申请者的信息录入、审核以及证书发放等工作。同时，对发放的证书完成相应的管理功能。RA系统是整个CA中心正常运行不可缺少的一部分。RA的具体功能有验证申请人身份、批准证书、证书撤销请求等。

（3）认证中心（CA）：电子商务体系中的核心环节是电子交易中信赖的基础。

（4）证书库（CR）：证书库存放了经CA签发的证书和已撤销证书的列表，网上交易的用户可以验证其证书的真伪或查询证书的状态。证书库的具体功能有存储证书、提供证书、确认证书状态等。

（5）证书信任方：PKI为证书信任方提供了检查证书申请者身份以及与证书申请者进行安全数据交换的功能。在电子商务应用中，用户通常扮演证书申请者和证书信任方的双重角色。证书信任方的具体功能有：接收证书、证书请求、核实证书、检查身份和数字签名、数据加密等。

认证中心、注册机构和证书库三部分是PKI的核心，证书申请者和证书信任方则是利用PKI进行网上交易的参与者。

5. 电子支付协议

在电子商务安全交易过程中，电子支付安全在其中占据着重要的地位。目前已经出现了很多电子支付协议，其中最常用的是安全套接层协议和安全电子交易协议。

（1）安全套接层协议。

安全套接层协议（SSL）是由Netscape公司提出的安全交易协议，用以保障在互联网上数据传输的安全，利用数据加密（Encryption）技术，可确保数据在网络传输过程中不会被截取及窃听。

图3-25　SSL工作过程

SSL标准的工作流程主要包括以下几步：① SSL客户机向SSL服务器发出连接建立请求，SSL服务器响应SSL客户机的请求；② SSL客户机与SSL服务器交换双方认可的密码，一般采用的加密算法是RSA算法；③检验SSL服务器得到的密码是否正确，并验证SSL客户机的可信程度；④ SSL客户机与SSL服务器交换结束的信息，如图3-25所示。

（2）安全电子交易协议。

安全电子交易协议（Secure Electtonic Transcatioin，SET）是由美国VISA和Mastercard两大信用卡组织提出的以信用卡为基础的电子付款系统规范，是目前已经标准化且被业界广泛接受的一种国际网络信用卡付款机制。其实质是一种以信用卡为基础的、在互联网上交易的付款协议书，是授权业务信息传输安全的标准。

SET协议为电子商务交易提供了许多安全保证措施，它能保证客户交易信息的保密性和完整性，确保商家和客户交易行为的不可否认性和合法性。

SET协议的工作流程如图3-26所示。

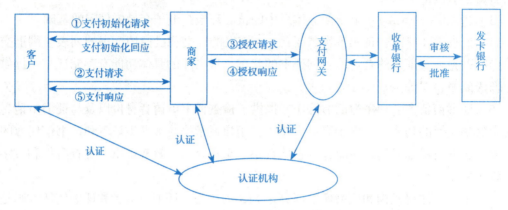

图3-26　SET协议的工作流程

①支付初始化请求和响应阶段。当客户决定购买商家的商品并使用电子钱包付款时，商家服务器会发送要求付款的信息到客户的电子钱包，电子钱包则要求客户输入口令，然后与商家服务器交换"握手"信息，使客户和商家相互确认，即客户确认商家被授权，可以接受信用卡，同时商家也确认客户是一个合法的持卡人。

②支付请求阶段。客户发送一个报文，包括订单和支付命令。订单和支付命令中必须有客户的数字签名，同时利用双重签名技术保证商家看不到客户的账号信息。只有位于商家开户行的被称为支付网关的另外一个服务器可以处理支付命令中的信息。

③授权请求阶段。商家收到订单后，将含有客户支付指令的信息发送给支付网关。支付网关是一个互联网服务器，是连接互联网和银行内部网络的接口。授权请求报文到达收单银行后，收单银行再到发卡银行确认。

④授权响应阶段。收单银行得到发卡银行的批准后，通过支付网关发给商家授权响应报文。

⑤支付响应阶段。商家发送购买响应报文给客户。

⑥结束。将款项从客户账号转到商家账号，然后向客户送货，交易结束。

知识回顾

（1）网上支付的概念：客户、商家、网上银行之间使用安全电子手段，把新型支付工具如电子现金、银行卡、电子支票的支付信息通过网络安全地传送到银行或相应的处理机构，从而完成支付的整个过程。

（2）网上支付系统的构成：互联网、客户、商家、客户开户行、商家开户行、支付网关、银行网络、认证中心。

（3）第三方支付的概念：买卖双方在交易过程中的资金"中间平台"，是一些和产品所在国家以及国内外各大银行签约，并具备一定实力和信誉保障的第三方独立机构提供的交易支持平台。

（4）移动支付的概念：移动支付也称手机支付，就是允许用户使用其移动终端（通常是手机）对所消费的商品或服务进行账务支付的一种服务方式。

（5）移动支付的类型：远程支付、近场支付。

（6）网上银行的概念：又称网络银行、在线银行，是指银行利用互联网技术，通过互联网向客户提供开户、查询、对账、行内转账、跨行转账、信贷、网上证券、投资理财等传统服务项目，使客户足不出户就能够安全便捷地管理活期和定期存款、支票、信用卡及个人投资等。

（7）网上银行的特点：虚拟化、智能化，运营成本低，创新性，个性化。

（8）网上银行的服务：公共信息服务、个人网上银行、企业网上银行、银行电商商城。

1. 简单介绍网上支付方式。
2. 什么是移动支付？
3. 从网上搜集更多关于信息加密技术的资料，课上汇报。

中国电子支付产业发展趋势

电子支付是指用户通过电子终端，直接或间接向银行业金融机构发出支付指令，实现货币支付与资金转移的行为。根据电子支付使用终端的不同，可分为互联网支付、电话支付、手机支付、数字电视支付、POS机刷卡支付等。

我国电子支付产业的发展经历了以下三个阶段。

第一阶段：网银时代。2003年以前，中国的电子支付发展较为缓慢，主要参与方为各大银行机构，支付方式以网上银行为主，发展速度较为缓慢。

第二阶段：第三方支付机构崛起的时代。2003年后，以支付宝为代表的第三方支付机构涉足支付业务，电子支付市场开始快速发展。

第三阶段：全面移动支付时代。2010年，随着移动智能终端的普及，各大银行开始推出手机银行APP；同时，以支付宝、微信支付为代表的互联网巨头纷纷发力移动支付市场，依靠其强大的线上生态场景优势抢占市场份额。2016年，我国电子支付交易规模接近2500万亿元人民币，在国家金融体系中占据了举足轻重的地位。

当前我国电子支付的发展呈现以下四大趋势。

趋势一：第三方支付业务迅猛发展，而银行的电子支付业务增长开始趋缓。

2016年，我国以支付宝和财付通为代表的互联网第三方支付机构累计发生网络支付业务1639.02亿笔，金额99.27万亿元，同比分别增长99.53%和100.65%。与此相对应的是，银行间电子交易笔数比2015年仅增长3.61%，交易金额比2015年反倒降低0.7%。由于以阿里巴巴和腾讯为代表的互联网巨头既是互联网交易入口的垄断者，又是互联网基础设施的提供者，因此，在未来相当长的一段时间内其在电子支付领域的优势都将保持，第三方支付业务快速增长的势头将持续。

趋势二：支付行业监管体系不断完善，监管持续收紧。

随着电子支付行业的快速发展，我国的监管体系也在不断完善。2015年支付行业综合监管、分层监管的主旋律基本定调，非银行支付机构监管制度框架不断完善，多层次、全领域的支付清算行业自律制度体系基本形成。2016年，中国人民银行不但明确了一段时期内原则上不再批设新支付机构，更对违规支付机构严惩不贷。2017年，互联网金融整治持续、备付金管理集中存管通知、网联上线都意味监管将持续趋严，同时，监管部门对支付机构、银行的违规处罚仍然未放松，支付行业将进一步规范经营。

趋势三：电子支付各参与方对支付场景的争夺呈现白热化。

2016年支付宝公布用户4.5亿，微信支付用户超过3亿。支付宝和微信支付占据第三方支付市场90%的市场份额。支付宝、微信支付拥有庞大的客户资源和销售渠道，借助其强大的生态系统，不断强化客户黏性，移动支付用户对支付宝、微信支付的依赖逐渐呈现刚性化特征。为了扭转在竞争中的不利形势，金融机构方面，支付清算行业的传统巨头银联拥有完善成熟的资金清算系统，是支付清算体系的"中央军"，在竞争中得到政府部门有意识的保护。监管部门明确规定任何第三方支付机构不得绕开清算机构与银行合作，从而保证银联在支付业务中必能分得一杯羹。另外，多家银行业巨头与苹果、三星等手机巨头达成合作，NFC技术可能重获生机，从而实现金融机构在电子支付领域对支付宝、微信支付的反击。

在双方的争夺中，支付场景成为制胜关键。对用户来说，无论是移动支付还是NFC支付，不同支付机构提供的支付方式在便捷性、安全性上并无显著差异，因此支付场景成为制胜关键。随着移动支付应用场景在线上与线下的不断延伸，各方对应用场景的争夺必将呈现白热化。

趋势四：区块链技术在电子支付中的应用将大有可为。

在跨境支付场景中，目前在全球范围内仍缺乏一个低成本、高效率的解决方案，不同国家之间还存在政治、监管等因素的差异，这些因素对电子支付规模的进一步扩大形成制约。而区块链技术去中心化、去信任化的模式是非常有潜力的电子支付终极解决方案，未来必将大有可为。当然,区块链技术本身除了是一种技术手段外,也是一种社会治理手段,区块链的核心思想与我国社会管制的基本理念和金融行业的监管思路是存在矛盾的,未来其在我国电子支付领域的发展也必将一波三折。

展望未来,随着万物互联和人工智能的深度应用,电子货币必将在全社会范围内替代传统货币,电子支付领域必将面临更大的变局,让我们拭目以待。

电子商务法律与法规

　　创造一个良好的法制环境是推动电子商务健康有序发展的前提和保障。当互联网被用于商业目的以后，产生了一系列的法律问题，如域名抢注、著作版权侵害、消费者隐私及合法权益受到侵害、网络欺骗、不正当竞争及网络犯罪等。这些问题对电子商务法律规范提出了重大挑战。电子商务的法制建设是一项非常复杂的系统工程，它包括立法、司法和行政多个方面，涵盖了行业市场准入、信息安全和认证、知识产权保护、电子支付、数字签名、互联网内容管理以及赔偿责任等诸多法律问题。

【知识目标】
　　1.掌握电子商务法的含义、特征、涉及的主体，了解我国电子商务法的立法程序。
　　2.了解电子合同的法律问题、电子商务中知识产权保护的法律问题、电子商务不正当竞争的法律问题、网络消费者权益保护的法律问题。
　　3.了解《中华人民共和国电子商务法》。

【技能目标】
　　1.能够运用电子商务相关法律法规解决常见的法律问题。
　　2.能够通过与顾客洽谈，拟定有效的电子合同。
　　3.能够通过签订合同保障安全的电子支付和货物交付。
　　4.能够有效实施电子合同违约救济。

【知识导图】

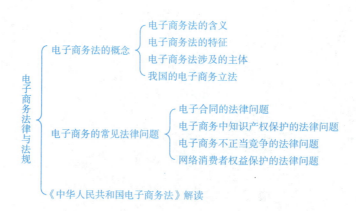

电子商务法草案初审——威胁给好评可吊销营业执照

网购中给店家差评会被骚扰,如果不提供个人信息就无法获得店家服务等问题,在全国人大常委会初审的《中华人民共和国电子商务法(草案)》(以下简称《草案》)中有了明确的罚则。这部酝酿了三年多的《草案》,基本明确了电子商务的经营主体、交易与服务、交易保障、跨境电商、监督管理和法律责任等内容。

《草案》从我国实际国情出发,通过具体制度设计解决电子商务经营主体、行为及市场规范的问题。《草案》划分为总则、电子商务经营主体、电子商务交易与服务、电子商务交易保障、跨境电子商务、监督管理、法律责任和附则等几大部分。

其中,将电子商务定义为通过互联网等信息网络进行商品交易或者服务交易的经营活动。其中的信息网络包括互联网、移动互联网等;商品交易包括有形产品交易和无形产品交易(如数字产品交易);服务交易是指服务产品交易;经营活动是指以盈利为目的的商务活动,包括上述商品交易、服务交易和相关辅助经营活动。

需要注意的是,考虑到立法应尽可能涵盖电子商务的实际领域,同时与其他法律法规有效衔接,《草案》中还明确规定:法律、行政法规对商品交易或者服务交易有特别规定的,使用其规定;涉及金融类产品和服务、利用信息网络播放音视频节目以及网络出版等方面的服务,不适用本法。

《草案》规定了从事电子商务活动时,不得实施的损害电子商务信用评价的行为,具体包括:以虚构交易、删除不利评价、有偿或者以其他条件换取有利评价等形式,为自己或者他人提升商业信誉;违背事实地恶意评价,损害他人商业信誉;骚扰或者威胁交易对方,迫使其违背意愿做出修改、删除商品或服务评价等行为;篡改或者选择性披露信用评价记录;发布不实信用评价信息。

如果违反上述规定,将由各级政府有关部门责令限期改正;逾期不改正的,责令停业整顿,并处以3万元以上10万元以下罚款;情节严重的,可吊销营业执照,并处以10万元以上50万元以下罚款。

同时,《草案》规定:从事电子商务活动时,不得擅自使用与他人域名主体部分、网页名称、网页等知名商业标识相同或者近似的商业标识,误导公众,导致市场混淆;不得利用服务协议等手段,限制交易、滥收费用或者附加不合理交易条件;不得攻击或者入侵其他经营者的网络系统,恶意访问、拦截、篡改其他经营者的网络店铺,影响正常经营活动。

信用评价是电商领域比较突出的问题,因此需要一些比较明确具体的规定。至于处罚的程度,还是会和行为的性质、危害性相适应,因为现在很多电商企业体量都很大,50万元对于它们来说不是很大的数字。但处罚不是目的,更重要的是处罚的功

能，是让违规企业规范行为。

网络欺诈、电商价格战、虚假促销、售后服务不当、个人信息被泄露等问题，电子商务引发的合同问题、知识产权问题、信息安全问题、纳税问题，以及围绕互联网支付、理财发展越来越热的互联网金融问题，伴随中国网购市场的高速发展正变得越来越突出。

思考： 在进行电子商务交易的过程中，我们如何利用相关法律来维护自身的权益？

4.1 电子商务法的概念

课堂讨论

你了解电子商务法吗？在什么情况下使用该法？

4.1.1 电子商务法的含义

电子商务法是调整电子商务活动中所产生的社会关系的法律规范的总称，是一个新兴的综合法律领域。电子商务法这一基本概念已经涉及电子商务法的调整对象问题。电子商务法是调整以数据电文为交易手段而形成的商事关系的规范体系。联合国国际贸易法委员会在《电子商务示范法》中所给数据电文的定义是："就本法而言，数据电文是指以电子手段、光学手段或类似手段生成、收发或储存的信息，这些手段包括但不仅限于电子数据交换、电子邮件、电报、电传或传真。"当商事关系以数据电文为交易手段时，一般应由电子商务法来调整。

4.1.2 电子商务法的特征

1. 商法性

商法是规范商事主体和商事行为的法律规范。电子商务法主要属于行为法，如数据电文制度、电子签名及其认证制度、电子合同制度、电子信息交易制度、电子支付制度等。但是，电子商务法也含有组织法的内容，认证机构的设立条件、管理、责任等就具有组织法的特点。

2. 技术性

在电子商务法中，许多法律规范都是直接或间接地由技术规范演变而成的，如一些国家将运用公开密钥体系生成的数字签名规定为安全的电子签名，这样就将有关公开密钥的技术规范转化成了法律要求，对当事人之间的交易形式和权利义务的行使都有极其重要的影响。另外，关于网络协议的技术标准，当事人若不遵守，就不可能在开放环境下进行电子商务交易。

3. 开放性和兼容性

所谓开放性，是指电子商务法要对世界各地区、各种技术网络开放；所谓兼容性，是指电子商务法应适应多种技术手段、多种传输媒介的对接与融合。只有坚持了这个原则，才能实现世界网络信息资源的共享，保证各种先进技术在电子商务中的及时应用。

4. 国际性

电子商务固有的开放性、跨国性要求全球范围内的电子商务规则是协调和基本一致的。电子商务法应当而且可以通过多国的共同努力予以发展。通过研究有关国家的电子商务法规，我们发现其原则和规则，包括建立的相关制度，在很大程度上是协调一致的。联合国国际贸易法委员会的《电子商务示范法》为这种协调性奠定了基础。

4.1.3 电子商务法涉及的主体

从法律的角度看，电子商务法的主体是指作为电子商务法律关系的构成要素之一，享有一定的民商事权利，承担一定民商事义务的各方。电子商务法的主体并非仅指直接交易的双方，而是在商事法律关系中，对特定电子商务活动的完成具有重要影响的参与者。由此来看，电子商务法涉及的主体可以划分为以下几类。

1. 交易主体

交易主体通俗来讲就是指电商交易活动中的买方和卖方，也即电子商务中的主要行为者。交易主体无论从形式上来看还是从实质上来看，都与传统交易主体类似。电子商务作为一种特殊的商事活动，交易双方从根本上看仍旧需要符合传统商法的要求。交易主体又可以分为商事组织和个人。商事组织根据法律的规定成立，并依据商法的相关规定从事营业活动，是享有权利、承担义务的法人或者合伙组织。在电子商务中，个人多数以用户的身份出现，接受商品或者服务。当然，个人也可以作为卖方出现，利用网络平台向他人提供商品或服务。

2. 服务主体

服务主体为电子商务的运行提供技术支持，以便有效地进行网络接入、信息控制，从而快速达成交易。正是这一主体的存在，使得电子商务的法律规制与传统商法有了较大的差异。这一全新的主体在电子商务的运行过程中有着不容小觑的影响，对解决部分纠纷更是具有决定性意义。服务主体主要包括网络服务提供者和网络内容提供者。

网络服务提供者（ISP）是指为电子商务构建互联网络环境，提供信息连线、数据接入等基础设施服务的主体，包括网络基础设施经营者、接入服务提供者、主机服务提供者等。良好的基础环境对电子商务的有效运行是一个关键环节，因此对网络服务提供者进行规范的法律监管是不可缺少的。

网络内容提供者（ICP）则是指为电子商务提供各种实质信息内容的主体。电子商务中形形色色的内容和不同的信息形式都是由此类主体提供的。从形式上看，网络内容提供者更是越过交易卖方直接将信息传递给买方，因此区分网络内容提供者和交易主体之间的责任过错是最困难的地方，对其进行法律约束是非常重要的。

3. 监管主体

所谓监管主体，是指对电子商务的各个环节负有监管责任，保证电子商务环境良好运行的主体。电子商务成为推动经济发展的一大方式，利用互联网进行商贸交易便捷高效的优势也备受重视。但伴随而来的还有各种纠纷，因电子商务存在技术漏洞和网络虚拟等特性，侵害交易双方的商业机密，威胁交易安全，侵犯个人信息、财产信息等现象也越来越多。因此，建立和维护电子商务的秩序，形成良好的监管制度对于促进电子商务的良好发展有着积极的意义。

政府在电子商务的监管体系中具有举足轻重的地位，电子商务涉及的不仅是商事交易和商事信息，还包括个人信息等其他社会性因素。政府作为最重要的监管主体能够为电子商务的发展提供有力的保障。其中，对公众信息、国家机密的保护，对第三方支付平台的保障以及对网络犯罪的预防都是重要的方面，因此，政府加强对电子商务的执法力度，促进网络环境的改善是刻不容缓的。

总之，电子商务的发展需要政府、企业和消费者等各类主体的参与，不能缺少其中的任何一方。企业是市场的主体，是电子商务的主力军，既是发起者，又是响应者，同时还是结果的承担者；政府是倡导者和支持者，是政策、法规的缔造者，是市场经济活动的宏观调控者；消费者则是电子商务最终的服务对象。而作为生产力中最为活跃的要素，消费者也是商务模式的创新之源。

4.1.4 我国的电子商务立法

作为一种全新的、发展迅猛的贸易方式，电子商务给传统商业贸易带来了巨大的冲击。同时，它诸多不同于传统交易方式的特性，给传统法律规范带来了重大挑战和研究课题。已有的《中华人民共和国公司法》《中华人民共和国消费者权益保护法》等传统商业模式因运行需要而制定的法律规范和执法模式已无法适应当前电子商务领域的发展，特别是网上交易安全、知识产权及产品质量监管、消费者权益保护等突出问题，不但极大地影响了行业的健康发展，也使消费者权益得不到有效保护。

许多国家关于电子商务立法的实践经验表明，为电子商务进行专门立法已是当今的潮流。《中华人民共和国合同法》（以下简称《合同法》）针对电子商务专门规定了数个条文，这是一个极富远见的大胆举措，它对中国电子商务未来的发展将起到深远影响。但是我们必须认识到：《合同法》没有也不可能解决电子交易合同的所有法律问题，根本的解决之道是制定专门的电子商务法。

2013年12月7号，中国全国人大常委会正式启动了电子商务法的立法进程。

电子商务立法前期准备工作进行了14项课题调研，主要包括电子商务监管体制、电子商务市场准入与退出、数据电文和电子合同问题、电子商务领域支付、在线知识产权保护、电子商务税收、电子商务纠纷解决机制、消费者权益保护、电子交易信息安全保障、跨境电子商务、电子商务产品质量监管、快递与电子商务协调发展、电子商务可信交易环境等。此外，国家工商总局（现为国家市场监督管理总局）、国家发改委、中国人民银行等部委还就电子商务领域中的电子支付、知识产权、消费者权益保护、税收、信息安全等具体问题进行了课题研究。

4.2 电子商务的常见法律问题

课堂讨论

你遇到过涉及电子商务法的问题吗？如何利用电子商务法来保护自己的合法权益？

4.2.1 电子合同的法律问题

电子合同是双方或多方当事人之间通过电子信息网络以电子的形式达成的设立、变更、终止财产性民事权利义务关系的协议。电子合同作为电子商务运转的重要基础和手段已被广泛运用，并极大地推动了社会经济的发展，但同时也给合同法律制度带来了严峻考验。

1. 电子合同的书面形式

我国《合同法》将数据电文纳入"书面形式"，在《合同法》第十一条中规定："书面形式是指合同书、信件和数据电文（包括电报、电传、传真、电子数据交换和电子邮件）等可以有形地表现所载内容的形式。"由此，我国以立法形式正式确定了数据电文作为"书面形式"的合法身份。因此，在我国的电子商务活动中合同当事人可以订立以数据电文为形式的"书面合同"。《中华人民共和国电子签名法》第二条规定："数据电文，是指以电子、光学、磁或者类似手段生成、发送、接收或者储存的信息。"《中华人民共和国电子签名法》第四条规定："能够有形地表现所载内容，并可以随时调取查用的数据电文，视为符合法律、法规要求的书面形式。"

2. 电子合同的签订过程

根据《合同法》的规定，电子合同的订立也应当经过要约、承诺的阶段。

要约是指一方向另一方提出签订合同的意思表示，如果对方做出了承诺，要约人即负有与其订立合同的义务。要约的提出是具有法律意义的行为，不能无故随意撤销，否则应当承担缔约过失责任。我国的《合同法》第十四条规定，要约是希望和他人订立合同的意思表示，该意思表示应当符合下列规定：（一）内容具体确定；（二）表明经受要约人承诺，要约人即受该意思表示约束。

我国对要约的生效时间均采取"到达主义"。《合同法》第十六条规定："要约到达

受要约人时生效。"为了明确电子交易中要约到达的标准,《合同法》第十六条第二款规定:"采用数据电文形式订立合同,收件人指定特定系统接收数据电文的,该数据电文进入该特定系统的时间,视为到达时间;未指定特定系统的,该数据电文进入收件人的任何系统的首次时间,视为到达时间。"

承诺的生效关乎合同的生效问题,《合同法》第二十六条规定:"承诺通知到达要约人时生效。"因此,承诺生效之时即交易双方合同的成立之时。对于承诺的生效方式,我国《合同法》规定有三种,分别是要约人收到承诺通知、做出行为和签订确认书。第一种是最普通的形式,对于采取电子交易方式的,《合同法》特别规定:"采用数据电文形式订立合同的,承诺到达的时间适用本法第十六条第二款的规定。"第二种是指在承诺不需要通知的情况下,承诺人根据交易习惯或者要约的要求做出承诺的行为时,承诺自然生效。第三种是根据《合同法》第三十三条规定:"当事人采用信件、数据电文等形式订立合同的,可以在合同成立之前要求签订确认书。签订确认书时合同成立。"

3. 电子商务中的格式合同问题

格式条款的产生和发展是20世纪合同法发展的重要标志之一,它的出现对于大幅降低交易成本、规范和完善合同内容、预防和减少合同纠纷起到了重要作用。但是格式条款往往由单方制定,不能充分公平地反映交易双方的意志,是对合同自由原则的重大挑战。

格式条款在电子交易中被广泛采用,许多电子商务网站都拟定了极为详细的格式条款。有些网站的格式条款甚至规定:本公司有权在任何时候更改或修正本合同条款,修改后的合同条款一经通知即生效;有些则规定,消费者必须事先做出承诺后方可知晓内容;还有些网站对于格式条款中所包含的重要或者免责内容未以强调或者醒目的方式提醒相关人注意。这些问题都构成了对消费者利益的侵害和对电子交易声誉的损害。

例如,20××年4月7日,杨女士以网购方式购买了一款销价5万元的名牌女包,并通过网上银行支付了商家5万元。该网店在网店首页写有"本店所有商品一律包邮"字样,但杨女士所购女包迟迟未能寄到,杨女士于是向商家进行询问,商家称因为杨女士所订的包比较名贵,需要进行保价邮寄,因此杨女士还应当再支付2500元的保价邮费,才能将包寄给她。杨女士认为网站自己宣称"包邮",邮寄费不应由自己承担,网店则称"包邮"仅指普通邮寄费用,不包括保价费用。杨女士于是将网店诉至法院。诉讼前,杨女士对网站内容进行了证据保全,并于庭审时提交给了法院。

《合同法》第四十一条规定:"对格式条款的理解发生争议的,应当按照通常理解予以解释。对格式条款有两种以上解释的,应当作出不利于提供格式条款一方的解释。格式条款和非格式条款不一致的,应当采用非格式条款。"

法院审理后认为,网店的"包邮"承诺构成了双方买卖合同的条款,并且这一条款是由网店单方制作的,并适用于该网店的所有商品买卖行为,因此,可以将这一条款认定为格式条款,这一条款确实存在约定不明确的情况,但由于这一条款系网店单方制作的格式条款,依据《合同法》第四十一条的规定应当作出不利于网店的解释。于是法院判决支持了杨女士的诉讼请求。

4.2.2 电子商务中知识产权保护的法律问题

基于电子商务自身的特点，网络环境下的知识产权保护问题呈现出与传统知识产权不同的特点。和传统的知识产权保护相比，电子商务中的知识产权保护问题更加复杂。

1. 电子商务环境下的著作权保护

著作权也称版权，是作者及其他权利人对文学、艺术和科学作品享有的人身权和财产权的总称，具体包括发表权、署名权、修改权、保护作品完整权、复制权、发行权、出租权、展览权、表演权、放映权、广播权、信息网络传播权、摄制权、改编权、翻译权、汇编权以及应当由著作权人享有的其他权利。

网络环境下的著作权是指著作权人对受著作权法保护的作品在网络环境下所享有的著作权权利。基于此，网络著作权包含两层含义：第一层，相对于传统作品，指传统作品被上传至网络时著作权人所享有的权利，这里特指"信息网络传播权"；第二层，是指新的数字化作品或网络作品。

网络环境下著作权侵权有三种典型形式：

（1）传统媒体侵犯网络作品著作权的行为，即未经著作权人同意，将互联网上的作品下载到报刊等媒体上发表，从而使网站对传统媒体提起诉讼。

（2）网络侵犯网络作品著作权的行为。这类侵权行为多表现为网络对其他网站的信息资源著作权的侵犯，如各大网站之间的复制、转载，如图4-1所示。

图4-1 网络著作权侵犯

（3）网络侵犯传统媒体作品著作权的行为。例如，未经著作权人许可擅自将以传统介质形式承载的作品通过数字化过程上传到网站，供他人使用。

2. 电子商务环境下商标与域名的保护

商标是商品的生产者、经营者在其生产、制造、加工、拣选或者经销的商品上或者服务的提供者在其提供的服务上采用的，用于区别商品或服务来源的标志。经国家核准注册的商标为"注册商标"，受法律保护。商标通过确保商标注册人享有用以标明商品或服务，或者许可他人使用以获取报酬的专用权，而使商标注册人受到保护。

域名（Domain Name），是由一串用点分隔的名字组成的互联网上某一台计算机或计算机组的名称，用于在数据传输时标识计算机的电子方位。域名是一种相对有限的资源，随着全球范围内网络业务的迅猛发展，域名越来越成为企业发展电子商务的基本手段，其在虚拟的网络世界中蕴含的商业价值也越来越高，成为网络世界中重要的无形财产。域名的注册遵循先申请先注册的原则，管理认证机构对申请企业提出的域名是否违反了第三方的权利不进行任何实质性审查。

现实中许多企业为了利用互联网获得更好的商机，往往会利用已有的商标等作为域名注册，使商标、商号等已取得的信誉在网络世界中延伸。同样，将域名注册为商标，也有利于加强对商标或商号的保护效果。但如果域名与注册商标并非同一权利主体，域名与商标的权利冲突就不可避免。近些年来，由域名的唯一性以及域名注册后的非地域性特征引发的域名与商标的权利冲突愈演愈烈，尤其是将他人的注册商标抢先注册为域名的现象特别严重。

我国《最高人民法院关于审理涉及计算机网络域名民事纠纷案件适用法律若干问题的解释》第四条第（二）项规定，"被告域名或其主要部分构成对原告驰名商标的复制、模仿、翻译或音译，或者与原告注册商标、域名相同或近似，足以造成相关公众误认"，以及《最高人民法院关于审理商标民事纠纷案件适用法律若干问题的解释》第一条第（三）项规定，"将与他人注册商标相同或相近似的文字注册为域名，并且通过该域名进行相关商品交易的电子商务，容易使相关公众误认的"，都会构成商标侵权或不正当竞争行为。

域名与商标的冲突主要有以下几种形式：

（1）注册的域名中含有他人注册商标的名称。

域名与商标一样，都具有重要的商业识别价值，只是域名识别性的基础是网络空间而已。如果域名注册人所注册域名的可识别部分与他人注册商标的名称相同或近似，域名所有人与商标权人就会发生纠纷。

（2）恶意抢注域名。

域名注册与商标注册一样，遵循申请在先的原则。近些年来，国内外都发生了域名使用人对他人拥有的知名企业名称、商标进行在先注册的现象。这可分为两种情况：一是恶意抢注他人注册商标为域名；二是非恶意的行为，是域名注册人与商标权人间的真正的权利冲突，注册人在主观上并无恶意。

（3）域名注册在先。

域名注册在先是指域名所有人注册域名之后，商标所有人才对该域名具有识别性的部分申请注册商标并取得商标权。此时，商标专用权是不能延及该域名的，因为域名是全球性的，无地域性，商标则有严格的地域性，况且域名注册在先，它本身具有先用权，受法律保护。

（4）同一域名的标识部分存在多个注册商标所有人。

众所周知，商标权的保护范围以核准注册的商标和核定使用的商品为限，在一般情况下，商标权人不能排斥在不相同也不类似的商品上使用相同或近似的商标。现实中，在不同也不类似的商品或服务上有相同或近似的商标的现象相当普遍。域名如以他人商标标识性文字注册，就可能导致多个商标权人为同一域名的归属发生争议。解决这类争议，应以坚持保护在先注册域名的原则来处理。

4.2.3 电子商务不正当竞争的法律问题

电子商务不仅带来了商业运营模式的变革，也对社会、经济、文化发展起到越来越明显的促进作用。同时，电子商务中存在的各种各样的不正当竞争行为也严重地扰乱了正常的市场竞争秩序，需要给予高度关注。

《中华人民共和国反不正当竞争法》第二条规定："不正当竞争行为，是指经营者在经营活动中，违反本法规定，扰乱市场竞争秩序，损害其他经营者的合法权益的行为。"电子商务中的不正当竞争行为泛指经营者在电子商务活动中采取各种虚假、欺诈、损人利己等违法手段，损害其他经营者的合法权益，扰乱电子商务秩序的行为。

1. 电子商务不正当竞争行为的常见形式

（1）混淆行为。

混淆行为是指生产者或经营者为争夺竞争优势，在自己的商品或者营业标志上不正当地使用他人的标志，使自己的商品或营业与他人经营的商品或营业相混淆，谋取不正当利益。电子商务中混淆行为的具体表现为：将他人注册商标、商号登记为网站名称，搭其他经营者的便车；网站的Logo与他人商标、商号、标识等相同或相似；域名与域名之间相似；模仿、抄袭其他经营者的网页。

（2）虚假宣传。

虚假宣传是指经营者为获取市场竞争优势和不正当利益，对商品或提供的服务进行虚假和引人误解的宣传行为。电子商务中的虚假宣传相对于传统商业模式下的虚假宣传而言，由于网络技术的特点，其形式和手段更加多样，诸如可以采取论坛、电子邮件等新的形式进行虚假宣传，影响更加广泛，可以对其竞争对手在全球范围内造成影响。

（3）侵犯商业秘密。

商业秘密是指不为公众所知悉、能为权利人带来经济利益、具有实用性并经权利人采取保密措施的技术信息和经营信息。相对于传统商业而言，电子商务中侵犯商业秘密的形式主要有以下几种：电子商务企业员工利用自身的优势，非法获取企业的商业秘密信息；"黑客"非法入侵其他经营者的计算机信息系统窃取数据；以BBS（网络论坛）、FTP传输文件和远程登录等方式，披露非法获取的商业秘密。这些形式的列举远未穷尽互联网上侵害商业秘密的行为，并且，随着互联网应用程度的提高，电子商务中侵害商业秘密的形式还会不断翻新。

（4）商业诋毁。

商业诋毁是指通过捏造、公开虚伪事实或虚假信息，对特定商事主体的商誉、商品或服务进行贬低和诋毁，造成其商业利益损失的侵权行为。从实践中看，电子商务中的商业诋毁主要有以下几种形式：运用网络广告诋毁其他经营者的商誉，在 BBS 上进行商业诋毁，网络匿名诽谤。由于网络信息传播的范围广、速度快，而且主体具有虚拟性和隐蔽性的特点，电子商务中的商业诋毁造成的后果较传统商业模式更为严重，受害方损失更为巨大。

（5）用技术措施实施不正当竞争行为。

用技术措施实施不正当竞争行为指通过不正当的技术手段阻止用户使用对方软件。如国内某杀毒软件提示用户有安全隐患，诱导用户卸载竞争对手的软件，而对它自己推广的软件则网开一面。

（6）其他不正当竞争行为。

有的电子商务网站和其他网站签订排他性协议，约定不得在其网站置放任何竞争者的网络广告，或者向用户发送竞争者的促销电子邮件，否则即违约。一些电子商务公司在网上开展了奖励为一套住房、一辆汽车、美国旅游等的各种抽奖活动，吸引网民，提高上网率，以及利用技术优势垄断经营等。

2. 卖家刷信誉涉嫌不正当竞争

卖家刷信誉通常有两种方式：一种是商家找所谓的消费者进行"刷单"，如图 4-2 所示，卖家买快递单号，其收件人和寄件人与实际的买家、卖家不一致；另一种是快递公司发空包，但快递公司并未完成配送，而帮助卖家完成平台上的物流信息。

卖家通过刷信誉这种虚假交易提高自身信用等级，显然违反了卖家加入网购平台应遵守的规则。同时，网上交易市场是各卖家互相竞争的虚拟消费市场，如果卖家通过请刷客刷信誉的虚假行为来竞争，采取的是一种典型的不正当经营手段。很多卖家通过刷客轻松提升信誉度，消费者很容易陷入卖家的消费陷阱，这种弄虚作假的行为也涉嫌消费欺诈。

图 4-2 卖家刷信誉

4.2.4 网络消费者权益保护的法律问题

消费者是指为满足生活需要而购买或使用经营者提供的商品或服务的人，凡是为了满足自己或他人个人需求而购买或者为了自己的需求而使用商品、接受服务的人均属消费者的范围。《中华人民共和国消费者权益保护法》(以下简称《消费者权益保护法》)所保护的消费者不包括法人或者其他组织而只有自然人。

随着电子商务的快速发展,人们利用网络进行的消费越来越多,网络购物在带给人们便捷、丰富的消费商品和服务信息的同时,也增加了消费者遭受损害的概率,极大地侵害了消费者的合法权益。

消费者权益是指消费者在有偿获得商品或接受服务时,以及在以后的一定时间内依法享有的权益。根据《消费者权益保护法》的规定,消费者享有安全权、知悉权、选择权、公平交易权、损害赔偿请求权、自我保护性权利等九大权利。

1. 网络消费者权益保护现状

根据我国目前的实际情况,在网络广告、即时交易过程、网络隐私等中,消费者权益受到侵害的现象最为严重。其主要表现在网络消费者的知悉权受到损害或难以得到充分保障,网络消费者的安全权、隐私权受到损害,网络消费者的退换货及依法求偿权难以实现等方面。

(1)消费者安全权存在较大风险。

在传统消费中,经营者要做到其商品或者服务不会危害消费者人身财产安全,并尽到安全说明的义务。网络交易除了应保障传统意义上的交易安全外,还必须保障消费者网上支付过程的安全。而现阶段我国网上支付安全保障措施还不够完善,消费者网上账号、密码、身份信息容易泄露,病毒攻击和钓鱼网站的潜在风险也防不胜防。

(2)消费者的个人信息保护问题。

网络消费者的注册信息以及在线交易中为了发送货物的需要,经营者都要求用户填写详细的个人资料,各在线交易网站无不掌握着庞大的用户数据库。然而由于缺乏监管,这些信息很容易被不负责任的商家出售交换,使网络消费者面临人身财产方面的潜在风险。

(3)格式条款泛滥,消费者受到隐性侵害。

目前,网络交易中普遍采用格式合同形式,大多数交易条款或服务条款都是商家事先拟定的,消费者往往只能接受或拒绝。网络经营者提供的格式条款内容极具隐蔽性,通常晦涩难懂,形式也多种多样,而且无不起到减免自己责任、加重消费者义务、排除消费者权利的作用。

(4)在线交易中虚假广告等欺诈问题。

知悉权是指消费者享有了解其购买的商品或者服务的真实情况的权利。网络的虚拟性使得在线购物者仅能从网上的图片或者文字对商品或服务进行了解。而这些信息都是经营者单方面发布的,缺乏有效监督,真实性、公正性都有待考量。这使得消费者在互联网浩瀚如海的商品信息中难以区分广告的真实性,时有可能遭受欺诈。

2. 新版《消费者权益保护法》关于7天无理由退货的规定

新版《消费者权益保护法》第二十四条规定,经营者提供的商品或者服务不符合质量要求的,消费者可以依照国家规定、当事人约定退货,或者要求经营者履行更换、修理等义务。没有国家规定和当事人约定的，消费者可以自收到商品之日起七日内退货；七日后符合法定解除合同条件的，消费者可以及时退货，不符合法定解除合同条件的，可以要求经营者履行更换、修理等义务。

依照前款规定进行退货、更换、修理的，经营者应当承担运输等必要费用。

新版《消费者权益保护法》第二十五条规定，经营者采用网络、电视、电话、邮购等方式销售商品，消费者有权自收到商品之日起七日内退货，且无须说明理由，但下列商品除外：（一）消费者定作的；（二）鲜活易腐的；（三）在线下载或者消费者拆封的音像制品、计算机软件等数字化商品；（四）交付的报纸、期刊。除前款所列商品外，其他根据商品性质并经消费者在购买时确认不宜退货的商品，不适用无理由退货。

消费者退货的商品应当完好。经营者应当自收到退回商品之日起7日内返还消费者支付的商品价款。退回商品的运费由消费者承担；经营者和消费者另有约定的，按照约定。

这是我国第一次将"7天无理由退货"纳入法律规定，赋予消费者7天的"反悔权"，也是新版《消费者权益保护法》最大的亮点。

3. 新版《消费者权益保护法》关于网络交易平台提供者的责任

新版《消费者权益保护法》第四十四条规定，消费者通过网络交易平台购买商品或者接受服务，其合法权益受到损害的，可以向销售者或者服务者要求赔偿。网络交易平台提供者不能提供销售者或者服务者的真实名称、地址和有效联系方式的，消费者也可以向网络交易平台提供者要求赔偿。网络交易平台提供者作出更有利于消费者的承诺的，应当履行承诺。网络交易平台提供者赔偿后，有权向销售者或者服务者追偿。

网络交易平台提供者明知或者应知销售者或者服务者利用其平台侵害消费者合法权益，未采取必要措施的，依法与该销售者或者服务者承担连带责任。

4. 新版《消费者权益保护法》关于消费者个人信息保护的规定

新版《消费者权益保护法》第二十九条规定，经营者收集、使用消费者个人信息，应当遵循合法、正当、必要的原则，明示收集、使用信息的目的、方式和范围，并经消费者同意。经营者收集、使用消费者个人信息，应当公开其收集、使用规则，不得违反法律、法规的规定和双方的约定收集、使用信息。

经营者及其工作人员对收集的消费者个人信息必须严格保密，不得泄露、出售或者非法向他人提供。经营者应当采取技术措施和其他必要措施确保信息安全，防止消费者个人信息泄露、丢失。在发生或者可能发生信息泄露、丢失的情况时，应当立即采取补救措施。

经营者未经消费者同意或者请求，或者消费者明确表示拒绝的，不得向其发送商业性信息。

新版《消费者权益保护法》第五十六条规定，经营者有下列情形之一，除承担相应的民事责任外，其他有关法律、法规对处罚机关和处罚方式有规定的，依照法律、法规的规定执行；法律、法规未作规定的，由工商行政管理部门或者其他有关行政部门责令改正，可以根据情节单处或者并处警告、没收违法所得、处以违法所得一倍以上十倍以下的罚

第4章 电子商务法律与法规

款,没有违法所得的,处以五十万元以下的罚款;情节严重的,责令停业整顿、吊销营业执照。其中第九款规定,侵害消费者人格尊严、侵犯消费者人身自由或者侵害消费者个人信息依法得到保护的权利的。

当前消费者权益保护面临的六大问题

2018年12月11日电,由国家市场监管总局和中国消费者协会指导,中国消费者报社主办的"2018中国消费·维权高峰论坛"在京举行。中国消费者协会副会长兼秘书长朱剑桥在论坛上发表演讲时表示,当前消费者权益保护面临六大问题。

朱剑桥表示,这六大问题具体为:一是与促进消费相配套的法律规定、标准不足,如人工智能产品已快速进入消费领域,但在安全保障等方面还存在盲区;二是网络新兴业态安全问题突出,如网约车消费者人身安全问题、共享经济押金财产安全问题等;三是预付式消费群体纠纷频发;四是坑老、骗老问题依然严重;五是个人信息保护亟待加强;六是城乡接合部和农村消费"三无"产品、假冒仿冒产品等问题突出。

他建议,一是应加大相关法律、标准制定修改力度,强化消费维权制度保障,尤其是要对行业标准、团体标准加强指导和监督,防止其异化为企业损害消费者权益的工具;二是加强消费信用约束,坚定消费信心;三是更加充分地发挥消费者协会的组织作用,带动消费维权社会共治深化升级。

国家市场监管总局网监司司长梁艾福表示,网监司将同时保护线上、线下交易消费者的利益。

4.3 《中华人民共和国电子商务法》解读

2018年8月31日,备受关注的《中华人民共和国电子商务法》(以下简称《电子商务法》)经第十三届全国人民代表大会常务委员会第五次会议表决通过,并于2019年1月1日正式施行。从消费者保护的角度看,《电子商务法》在很多方面富有亮点。

1. 将微信、网络直播销售商品、提供服务纳入管理

第九条 本法所称电子商务经营者,是指通过互联网等信息网络从事销售商品或者提供服务的经营活动的自然人、法人和非法人组织,包括电子商务平台经营者、平台内经营者以及通过自建网站、其他网络服务销售商品或者提供服务的电子商务经营者。

解读:近年来,电子商务新形态不断产生,通过微信、网络直播等形式销售商品、提

95

供服务的情况日益增多，带来了很多消费维权的新问题。《电子商务法》通过"其他网络服务"将这些新形态和涉及主体纳入其中，明确利用微信朋友圈、网络直播等方式从事商品、服务经营活动的也是电子商务经营者，这样有利于加强对相关领域的监管，有利于更好地解决此类消费纠纷。

2. 禁止虚构交易、编造评价，平台不得删除评价

第十七条　电子商务经营者应当全面、真实、准确、及时地披露商品或者服务信息，保障消费者的知情权和选择权。电子商务经营者不得以虚构交易、编造用户评价等方式进行虚假或者引人误解的商业宣传，欺骗、误导消费者。

第三十九条　电子商务平台经营者应当建立健全信用评价制度，公示信用评价规则，为消费者提供对平台内销售的商品或者提供的服务进行评价的途径。

电子商务平台经营者不得删除消费者对其平台内销售的商品或者提供的服务的评价。

第八十一条　电子商务平台经营者违反本法规定，有下列行为之一的，由市场监督管理部门责令限期改正，可以处二万元以上十万元以下的罚款；情节严重的，处十万元以上五十万元以下的罚款：

（四）未为消费者提供对平台内销售的商品或者提供的服务进行评价的途径，或者擅自删除消费者的评价的。

第八十五条　电子商务经营者违反本法规定，销售的商品或者提供的服务不符合保障人身、财产安全的要求，实施虚假或者引人误解的商业宣传等不正当竞争行为，滥用市场支配地位，或者实施侵犯知识产权、侵害消费者权益等行为的，依照有关法律的规定处罚。

解读：刷销量、刷好评、删差评等"炒信""刷单"行为，严重误导消费者，损害消费者的知情权、选择权。本法一是明确规定电子商务经营者信息披露的一般义务，要求全面、真实、准确、及时地披露商品或者服务信息，禁止以虚构交易、编造用户评价等方式进行虚假、引人误解的商业宣传，欺骗、误导消费者。二是要求电子商务平台经营者建立健全信用评价制度，公示信用评价规则，不得删除消费者评价信息。三是明确平台经营者未为消费者提供评价途径或者擅自删除消费者评价的，由市场监督管理部门责令限期整改，给予行政处罚，情节严重的，最高处以五十万元以下罚款。四是明确电子商务经营者违反本法规定，实施虚假或者引人误解的商业宣传等不正当竞争行为，依照有关法律的规定对其进行处罚。

3. 搜索结果附非个人特征选项，制约大数据杀熟

第十八条　电子商务经营者根据消费者的兴趣爱好、消费习惯等特征向其提供商品或者服务的搜索结果的，应当同时向该消费者提供不针对其个人特征的选项，尊重和平等保护消费者合法权益。

电子商务经营者向消费者发送广告的，应当遵守《中华人民共和国广告法》的有关规定。

第七十七条　电子商务经营者违反本法第十八条第一款规定提供搜索结果，或者违反本法第十九条规定搭售商品、服务的，由市场监督管理部门责令限期改正，没收违法所得，可以并处五万元以上二十万元以下的罚款；情节严重的，并处二十万元以上五十万元以下的罚款。

解读：当前，电子商务经营者积累了大量用户个人信息、交易记录等，并利用大数据对消费者进行个人画像，有目的地提供搜索结果，进行精准营销。有些平台甚至出现"大数据杀熟"的情况，引发公众不满。为此，《电子商务法》明确规定，一是在针对消费者个人特征提供商品、服务搜索结果的同时，要一并提供非针对性选项，通过提供可选信息，保护消费者的知情权、选择权。二是电子商务经营者发送广告的，还应遵守《中华人民共和国广告法》规定。三是明确违反本条规定的，由市场监督管理部门责令限期改正，没收违法所得，可以并处罚款。

4. 搭售要显著提示，"默认勾选"被禁止

第十九条　电子商务经营者搭售商品或者服务，应当以显著方式提请消费者注意，不得将搭售商品或者服务作为默认同意的选项。

解读：搭售，也称搭配销售、捆绑销售，是指销售方在向购买方出售特定商品时，要求买方购买另外一种商品，以达成购买主要商品买卖合同的行为。对搭售行为的规范，修订前的《中华人民共和国反不正当竞争法》（1993年）第十二条对搭售行为进行了规制，新修订的《反不正当竞争法》（2018年）删除了规制搭售的相关条文。其立法本意是，对搭售行为的规制应以经营者具有市场支配地位为前提，《中华人民共和国反垄断法》对此已经做了明确规定，不必重复规定；对于不具有市场支配地位的经营者，应允许其自主设置交易条件，购买者如不愿接受该条件，可以与其他经营者进行交易，不宜干预。

在《电子商务法》制定过程中，一些网络服务经营者默认搭售选项增加收费的现象被媒体报道，引起社会广泛关注。由于在互联网经营中的搭售行为具有特殊性，经营者往往在网页上采取较为隐蔽的方式进行搭售，消费者对此不易发现。对此，《电子商务法》对搭售行为予以规制，保障消费者的知情权和选择权。

知识回顾

（1）电子商务法的含义：调整电子商务活动中所产生的社会关系的法律规范的总称，是一个新兴的综合法律领域。电子商务法这一基本概念已经涉及电子商务法的调整对象问题。

（2）电子商务法的特征：包括商法性、技术性、开放和兼容性、开放和兼容性、国际性。

（3）电子商务法涉及的主体：包括交易主体、服务主体、监管主体。

（4）电子商务法的立法程序。

（5）电子商务涉及的法律问题：电子合同的法律问题、电子商务中知识产权保护的法律问题、电子商务不正当竞争的法律问题、网络消费者权益保护的法律问题。

电子商务基础

课后练习

1. 什么是电子商务法？
2. 电子商务法的特征是什么？
3. 你或你认识的人在网上购物的过程中遇到过法律问题吗？你是如何解决的？

中华人民共和国电子商务法

（2018年8月31日第十三届全国人民代表大会常务委员会第五次会议通过）

第一章 总则

第一条 为了保障电子商务各方主体的合法权益，规范电子商务行为，维护市场秩序，促进电子商务持续健康发展，制定本法。

第二条 中华人民共和国境内的电子商务活动，适用本法。

本法所称电子商务，是指通过互联网等信息网络销售商品或者提供服务的经营活动。

法律、行政法规对销售商品或者提供服务有规定的，适用其规定。金融类产品和服务，利用信息网络提供新闻信息、音视频节目、出版以及文化产品等内容方面的服务，不适用本法。

第三条 国家鼓励发展电子商务新业态，创新商业模式，促进电子商务技术研发和推广应用，推进电子商务诚信体系建设，营造有利于电子商务创新发展的市场环境，充分发挥电子商务在推动高质量发展、满足人民日益增长的美好生活需要、构建开放型经济方面的重要作用。

第四条 国家平等对待线上线下商务活动，促进线上线下融合发展，各级人民政府和有关部门不得采取歧视性的政策措施，不得滥用行政权力排除、限制市场竞争。

第五条 电子商务经营者从事经营活动，应当遵循自愿、平等、公平、诚信的原则，遵守法律和商业道德，公平参与市场竞争，履行消费者权益保护、环境保护、知识产权保护、网络安全与个人信息保护等方面的义务，承担产品和服务质量责任，接受政府和社会的监督。

第六条 国务院有关部门按照职责分工负责电子商务发展促进、监督管理等工作。县级以上地方各级人民政府可以根据本行政区域的实际情况，确定本行政区域内电子商务的部门职责划分。

第七条 国家建立符合电子商务特点的协同管理体系，推动形成有关部门、电子商务行业组织、电子商务经营者、消费者等共同参与的电子商务市场治理体系。

第八条 电子商务行业组织按照本组织章程开展行业自律，建立健全行业规范，推动行业诚信建设，监督、引导本行业经营者公平参与市场竞争。

第二章　电子商务经营者

第一节　一般规定

第九条　本法所称电子商务经营者,是指通过互联网等信息网络从事销售商品或者提供服务的经营活动的自然人、法人和非法人组织,包括电子商务平台经营者、平台内经营者以及通过自建网站、其他网络服务销售商品或者提供服务的电子商务经营者。

本法所称电子商务平台经营者,是指在电子商务中为交易双方或者多方提供网络经营场所、交易撮合、信息发布等服务,供交易双方或者多方独立开展交易活动的法人或者非法人组织。

本法所称平台内经营者,是指通过电子商务平台销售商品或者提供服务的电子商务经营者。

第十条　电子商务经营者应当依法办理市场主体登记。但是,个人销售自产农副产品、家庭手工业产品,个人利用自己的技能从事依法无须取得许可的便民劳务活动和零星小额交易活动,以及依照法律、行政法规不需要进行登记的除外。

第十一条　电子商务经营者应当依法履行纳税义务,并依法享受税收优惠。

依照前条规定不需要办理市场主体登记的电子商务经营者在首次纳税义务发生后,应当依照税收征收管理法律、行政法规的规定申请办理税务登记,并如实申报纳税。

第十二条　电子商务经营者从事经营活动,依法需要取得相关行政许可的,应当依法取得行政许可。

第十三条　电子商务经营者销售的商品或者提供的服务应当符合保障人身、财产安全的要求和环境保护要求,不得销售或者提供法律、行政法规禁止交易的商品或者服务。

第十四条　电子商务经营者销售商品或者提供服务应当依法出具纸质发票或者电子发票等购货凭证或者服务单据。电子发票与纸质发票具有同等法律效力。

第十五条　电子商务经营者应当在其首页显著位置,持续公示营业执照信息、与其经营业务有关的行政许可信息、属于依照本法第十条规定的不需要办理市场主体登记情形等信息,或者上述信息的链接标识。

前款规定的信息发生变更的,电子商务经营者应当及时更新公示信息。

第十六条　电子商务经营者自行终止从事电子商务的,应当提前三十日在首页显著位置持续公示有关信息。

第十七条　电子商务经营者应当全面、真实、准确、及时地披露商品或者服务信息,保障消费者的知情权和选择权。电子商务经营者不得以虚构交易、编造用户评价等方式进行虚假或者引人误解的商业宣传,欺骗、误导消费者。

第十八条　电子商务经营者根据消费者的兴趣爱好、消费习惯等特征向其提供商品或者服务的搜索结果的,应当同时向该消费者提供不针对其个人特征的选项,尊重和平等保护消费者合法权益。

电子商务经营者向消费者发送广告的,应当遵守《中华人民共和国广告法》的有关规定。

第十九条　电子商务经营者搭售商品或者服务，应当以显著方式提请消费者注意，不得将搭售商品或者服务作为默认同意的选项。

第二十条　电子商务经营者应当按照承诺或者与消费者约定的方式、时限向消费者交付商品或者服务，并承担商品运输中的风险和责任。但是，消费者另行选择快递物流服务提供者的除外。

第二十一条　电子商务经营者按照约定向消费者收取押金的，应当明示押金退还的方式、程序，不得对押金退还设置不合理条件。消费者申请退还押金，符合押金退还条件的，电子商务经营者应当及时退还。

第二十二条　电子商务经营者因其技术优势、用户数量、对相关行业的控制能力以及其他经营者对该电子商务经营者在交易上的依赖程度等因素而具有市场支配地位的，不得滥用市场支配地位，排除、限制竞争。

第二十三条　电子商务经营者收集、使用其用户的个人信息，应当遵守法律、行政法规有关个人信息保护的规定。

第二十四条　电子商务经营者应当明示用户信息查询、更正、删除以及用户注销的方式、程序，不得对用户信息查询、更正、删除以及用户注销设置不合理条件。

电子商务经营者收到用户信息查询或者更正、删除的申请的，应当在核实身份后及时提供查询或者更正、删除用户信息。用户注销的，电子商务经营者应当立即删除该用户的信息；依照法律、行政法规的规定或者双方约定保存的，依照其规定。

第二十五条　有关主管部门依照法律、行政法规的规定要求电子商务经营者提供有关电子商务数据信息的，电子商务经营者应当提供。有关主管部门应当采取必要措施保护电子商务经营者提供的数据信息的安全，并对其中的个人信息、隐私和商业秘密严格保密，不得泄露、出售或者非法向他人提供。

第二十六条　电子商务经营者从事跨境电子商务，应当遵守进出口监督管理的法律、行政法规和国家有关规定。

第二节　电子商务平台经营者

第二十七条　电子商务平台经营者应当要求申请进入平台销售商品或者提供服务的经营者提交其身份、地址、联系方式、行政许可等真实信息，进行核验、登记，建立登记档案，并定期核验更新。

电子商务平台经营者为进入平台销售商品或者提供服务的非经营用户提供服务，应当遵守本节有关规定。

第二十八条　电子商务平台经营者应当按照规定向市场监督管理部门报送平台内经营者的身份信息，提示未办理市场主体登记的经营者依法办理登记，并配合市场监督管理部门，针对电子商务的特点，为应当办理市场主体登记的经营者办理登记提供便利。

电子商务平台经营者应当依照税收征收管理法律、行政法规的规定，向税务部门报送平台内经营者的身份信息和与纳税有关的信息，并应当提示依照本法第十条规定不需要办理市场主体登记的电子商务经营者依照本法第十一条第二款的规定办理税务登记。

第二十九条　电子商务平台经营者发现平台内的商品或者服务信息存在违反本法第十二条、第十三条规定情形的，应当依法采取必要的处置措施，并向有关主管部门报告。

第三十条　电子商务平台经营者应当采取技术措施和其他必要措施保证其网络安全、稳定运行，防范网络违法犯罪活动，有效应对网络安全事件，保障电子商务交易安全。

电子商务平台经营者应当制定网络安全事件应急预案，发生网络安全事件时，应当立即启动应急预案，采取相应的补救措施，并向有关主管部门报告。

第三十一条　电子商务平台经营者应当记录、保存平台上发布的商品和服务信息、交易信息，并确保信息的完整性、保密性、可用性。商品和服务信息、交易信息保存时间自交易完成之日起不少于三年；法律、行政法规另有规定的，依照其规定。

第三十二条　电子商务平台经营者应当遵循公开、公平、公正的原则，制定平台服务协议和交易规则，明确进入和退出平台、商品和服务质量保障、消费者权益保护、个人信息保护等方面的权利和义务。

第三十三条　电子商务平台经营者应当在其首页显著位置持续公示平台服务协议和交易规则信息或者上述信息的链接标识，并保证经营者和消费者能够便利、完整地阅览和下载。

第三十四条　电子商务平台经营者修改平台服务协议和交易规则，应当在其首页显著位置公开征求意见，采取合理措施确保有关各方能够及时充分表达意见。修改内容应当至少在实施前七日予以公示。

平台内经营者不接受修改内容，要求退出平台的，电子商务平台经营者不得阻止，并按照修改前的服务协议和交易规则承担相关责任。

第三十五条　电子商务平台经营者不得利用服务协议、交易规则以及技术等手段，对平台内经营者在平台内的交易、交易价格以及与其他经营者的交易等进行不合理限制或者附加不合理条件，或者向平台内经营者收取不合理费用。

第三十六条　电子商务平台经营者依据平台服务协议和交易规则对平台内经营者违反法律、法规的行为实施警示、暂停或者终止服务等措施的，应当及时公示。

第三十七条　电子商务平台经营者在其平台上开展自营业务的，应当以显著方式区分标记自营业务和平台内经营者开展的业务，不得误导消费者。

电子商务平台经营者对其标记为自营的业务依法承担商品销售者或者服务提供者的民事责任。

第三十八条　电子商务平台经营者知道或者应当知道平台内经营者销售的商品或者提供的服务不符合保障人身、财产安全的要求，或者有其他侵害消费者合法权益行为，未采取必要措施的，依法与该平台内经营者承担连带责任。

对关系消费者生命健康的商品或者服务，电子商务平台经营者对平台内经营者的资质资格未尽到审核义务，或者对消费者未尽到安全保障义务，造成消费者损害的，依法承担相应的责任。

第三十九条　电子商务平台经营者应当建立健全信用评价制度，公示信用评价规则，为消费者提供对平台内销售的商品或者提供的服务进行评价的途径。

电子商务平台经营者不得删除消费者对其平台内销售的商品或者提供的服务的评价。

第四十条　电子商务平台经营者应当根据商品或者服务的价格、销量、信用等以多种方式向消费者显示商品或者服务的搜索结果；对于竞价排名的商品或者服务，应当显著标明"广告"。

第四十一条　电子商务平台经营者应当建立知识产权保护规则，与知识产权权利人加强合作，依法保护知识产权。

第四十二条　知识产权权利人认为其知识产权受到侵害的，有权通知电子商务平台经营者采取删除、屏蔽、断开链接、终止交易和服务等必要措施。通知应当包括构成侵权的初步证据。

电子商务平台经营者接到通知后，应当及时采取必要措施，并将该通知转送平台内经营者；未及时采取必要措施的，对损害的扩大部分与平台内经营者承担连带责任。

因通知错误造成平台内经营者损害的，依法承担民事责任。恶意发出错误通知，造成平台内经营者损失的，加倍承担赔偿责任。

第四十三条　平台内经营者接到转送的通知后，可以向电子商务平台经营者提交不存在侵权行为的声明。声明应当包括不存在侵权行为的初步证据。

电子商务平台经营者接到声明后，应当将该声明转送发出通知的知识产权权利人，并告知其可以向有关主管部门投诉或者向人民法院起诉。电子商务平台经营者在转送声明到达知识产权权利人后十五日内，未收到权利人已经投诉或者起诉通知的，应当及时终止所采取的措施。

第四十四条　电子商务平台经营者应当及时公示收到的本法第四十二条、第四十三条规定的通知、声明及处理结果。

第四十五条　电子商务平台经营者知道或者应当知道平台内经营者侵犯知识产权的，应当采取删除、屏蔽、断开链接、终止交易和服务等必要措施；未采取必要措施的，与侵权人承担连带责任。

第四十六条　除本法第九条第二款规定的服务外，电子商务平台经营者可以按照平台服务协议和交易规则，为经营者之间的电子商务提供仓储、物流、支付结算、交收等服务。电子商务平台经营者为经营者之间的电子商务提供服务，应当遵守法律、行政法规和国家有关规定，不得采取集中竞价、做市商等集中交易方式进行交易，不得进行标准化合约交易。

第三章　电子商务合同的订立与履行

第四十七条　电子商务当事人订立和履行合同，适用本章和《中华人民共和国民法总则》《中华人民共和国合同法》《中华人民共和国电子签名法》等法律的规定。

第四十八条　电子商务当事人使用自动信息系统订立或者履行合同的行为对使用该系统的当事人具有法律效力。

在电子商务中推定当事人具有相应的民事行为能力。但是，有相反证据足以推翻的除外。

第四十九条 电子商务经营者发布的商品或者服务信息符合要约条件的，用户选择该商品或者服务并提交订单成功，合同成立。当事人另有约定的，从其约定。

电子商务经营者不得以格式条款等方式约定消费者支付价款后合同不成立；格式条款等含有该内容的，其内容无效。

第五十条 电子商务经营者应当清晰、全面、明确地告知用户订立合同的步骤、注意事项、下载方法等事项，并保证用户能够便利、完整地阅览和下载。

电子商务经营者应当保证用户在提交订单前可以更正输入错误。

第五十一条 合同标的为交付商品并采用快递物流方式交付的，收货人签收时间为交付时间。合同标的为提供服务的，生成的电子凭证或者实物凭证中载明的时间为交付时间；前述凭证没有载明时间或者载明时间与实际提供服务时间不一致的，实际提供服务的时间为交付时间。

合同标的为采用在线传输方式交付的，合同标的进入对方当事人指定的特定系统并且能够检索识别的时间为交付时间。

合同当事人对交付方式、交付时间另有约定的，从其约定。

第五十二条 电子商务当事人可以约定采用快递物流方式交付商品。

快递物流服务提供者为电子商务提供快递物流服务，应当遵守法律、行政法规，并应当符合承诺的服务规范和时限。快递物流服务提供者在交付商品时，应当提示收货人当面查验；交由他人代收的，应当经收货人同意。

快递物流服务提供者应当按照规定使用环保包装材料，实现包装材料的减量化和再利用。

快递物流服务提供者在提供快递物流服务的同时，可以接受电子商务经营者的委托提供代收货款服务。

第五十三条 电子商务当事人可以约定采用电子支付方式支付价款。

电子支付服务提供者为电子商务提供电子支付服务，应当遵守国家规定，告知用户电子支付服务的功能、使用方法、注意事项、相关风险和收费标准等事项，不得附加不合理交易条件。电子支付服务提供者应当确保电子支付指令的完整性、一致性、可跟踪稽核和不可篡改。

电子支付服务提供者应当向用户免费提供对账服务以及最近三年的交易记录。

第五十四条 电子支付服务提供者提供电子支付服务不符合国家有关支付安全管理要求，造成用户损失的，应当承担赔偿责任。

第五十五条 用户在发出支付指令前，应当核对支付指令所包含的金额、收款人等完整信息。

支付指令发生错误的，电子支付服务提供者应当及时查找原因，并采取相关措施予以纠正。造成用户损失的，电子支付服务提供者应当承担赔偿责任，但能够证明支付错误非自身原因造成的除外。

第五十六条　电子支付服务提供者完成电子支付后，应当及时准确地向用户提供符合约定方式的确认支付的信息。

第五十七条　用户应当妥善保管交易密码、电子签名数据等安全工具。用户发现安全工具遗失、被盗用或者未经授权的支付的，应当及时通知电子支付服务提供者。

未经授权的支付造成的损失，由电子支付服务提供者承担；电子支付服务提供者能够证明未经授权的支付是因用户的过错造成的，不承担责任。

电子支付服务提供者发现支付指令未经授权，或者收到用户支付指令未经授权的通知时，应当立即采取措施防止损失扩大。电子支付服务提供者未及时采取措施导致损失扩大的，对损失扩大部分承担责任。

第四章　电子商务争议解决

第五十八条　国家鼓励电子商务平台经营者建立有利于电子商务发展和消费者权益保护的商品、服务质量担保机制。

电子商务平台经营者与平台内经营者协议设立消费者权益保证金的，双方应当就消费者权益保证金的提取数额、管理、使用和退还办法等作出明确约定。

消费者要求电子商务平台经营者承担先行赔偿责任以及电子商务平台经营者赔偿后向平台内经营者的追偿，适用《中华人民共和国消费者权益保护法》的有关规定。

第五十九条　电子商务经营者应当建立便捷、有效的投诉、举报机制，公开投诉、举报方式等信息，及时受理并处理投诉、举报。

第六十条　电子商务争议可以通过协商和解，请求消费者组织、行业协会或者其他依法成立的调解组织调解，向有关部门投诉，提请仲裁，或者提起诉讼等方式解决。

第六十一条　消费者在电子商务平台购买商品或者接受服务，与平台内经营者发生争议时，电子商务平台经营者应当积极协助消费者维护合法权益。

第六十二条　在电子商务争议处理中，电子商务经营者应当提供原始合同和交易记录。因电子商务经营者丢失、伪造、篡改、销毁、隐匿或者拒绝提供前述资料，致使人民法院、仲裁机构或者有关机关无法查明事实的，电子商务经营者应当承担相应的法律责任。

第六十三条　电子商务平台经营者可以建立争议在线解决机制，制定并公示争议解决规则，根据自愿原则，公平、公正地解决当事人的争议。

第五章　电子商务促进

第六十四条　国务院和省、自治区、直辖市人民政府应当将电子商务发展纳入国民经济和社会发展规划，制定科学合理的产业政策，促进电子商务创新发展。

第六十五条　国务院和县级以上地方人民政府及其有关部门应当采取措施，支持、推动绿色包装、仓储、运输，促进电子商务绿色发展。

第六十六条　国家推动电子商务基础设施和物流网络建设，完善电子商务统计制度，加强电子商务标准体系建设。

第六十七条　国家推动电子商务在国民经济各个领域的应用，支持电子商务与各产业融合发展。

第六十八条　国家促进农业生产、加工、流通等环节的互联网技术应用，鼓励各类社会资源加强合作，促进农村电子商务发展，发挥电子商务在精准扶贫中的作用。

第六十九条　国家维护电子商务交易安全，保护电子商务用户信息，鼓励电子商务数据开发应用，保障电子商务数据依法有序自由流动。

国家采取措施推动建立公共数据共享机制，促进电子商务经营者依法利用公共数据。

第七十条　国家支持依法设立的信用评价机构开展电子商务信用评价，向社会提供电子商务信用评价服务。

第七十一条　国家促进跨境电子商务发展，建立健全适应跨境电子商务特点的海关、税收、进出境检验检疫、支付结算等管理制度，提高跨境电子商务各环节便利化水平，支持跨境电子商务平台经营者等为跨境电子商务提供仓储物流、报关、报检等服务。

国家支持小型微型企业从事跨境电子商务。

第七十二条　国家进出口管理部门应当推进跨境电子商务海关申报、纳税、检验检疫等环节的综合服务和监管体系建设，优化监管流程，推动实现信息共享、监管互认、执法互助，提高跨境电子商务服务和监管效率。跨境电子商务经营者可以凭电子单证向国家进出口管理部门办理有关手续。

第七十三条　国家推动建立与不同国家、地区之间跨境电子商务的交流合作，参与电子商务国际规则的制定，促进电子签名、电子身份等国际互认。

国家推动建立与不同国家、地区之间的跨境电子商务争议解决机制。

第六章　法律责任

第七十四条　电子商务经营者销售商品或者提供服务，不履行合同义务或者履行合同义务不符合约定，或者造成他人损害的，依法承担民事责任。

第七十五条　电子商务经营者违反本法第十二条、第十三条规定，未取得相关行政许可从事经营活动，或者销售、提供法律、行政法规禁止交易的商品、服务，或者不履行本法第二十五条规定的信息提供义务，电子商务平台经营者违反本法第四十六条规定，采取集中交易方式进行交易，或者进行标准化合约交易的，依照有关法律、行政法规的规定处罚。

第七十六条　电子商务经营者违反本法规定，有下列行为之一的，由市场监督管理部门责令限期改正，可以处一万元以下的罚款，对其中的电子商务平台经营者，依照本法第八十一条第一款的规定处罚：

（一）未在首页显著位置公示营业执照信息、行政许可信息、属于不需要办理市场主体登记情形等信息，或者上述信息的链接标识的；

（二）未在首页显著位置持续公示终止电子商务的有关信息的；

（三）未明示用户信息查询、更正、删除以及用户注销的方式、程序，或者对用户信息查询、更正、删除以及用户注销设置不合理条件的。

电子商务平台经营者对违反前款规定的平台内经营者未采取必要措施的，由市场监督管理部门责令限期改正，可以处二万元以上十万元以下的罚款。

第七十七条　电子商务经营者违反本法第十八条第一款规定提供搜索结果，或者违反本法第十九条规定搭售商品、服务的，由市场监督管理部门责令限期改正，没收违法所得，可以并处五万元以上二十万元以下的罚款；情节严重的，并处二十万元以上五十万元以下的罚款。

第七十八条　电子商务经营者违反本法第二十一条规定，未向消费者明示押金退还的方式、程序，对押金退还设置不合理条件，或者不及时退还押金的，由有关主管部门责令限期改正，可以处五万元以上二十万元以下的罚款；情节严重的，处二十万元以上五十万元以下的罚款。

第七十九条　电子商务经营者违反法律、行政法规有关个人信息保护的规定，或者不履行本法第三十条和有关法律、行政法规规定的网络安全保障义务的，依照《中华人民共和国网络安全法》等法律、行政法规的规定处罚。

第八十条　电子商务平台经营者有下列行为之一的，由有关主管部门责令限期改正；逾期不改正的，处二万元以上十万元以下的罚款；情节严重的，责令停业整顿，并处十万元以上五十万元以下的罚款：

（一）不履行本法第二十七条规定的核验、登记义务的；

（二）不按照本法第二十八条规定向市场监督管理部门、税务部门报送有关信息的；

（三）不按照本法第二十九条规定对违法情形采取必要的处置措施，或者未向有关主管部门报告的；

（四）不履行本法第三十一条规定的商品和服务信息、交易信息保存义务的。

法律、行政法规对前款规定的违法行为的处罚另有规定的，依照其规定。

第八十一条　电子商务平台经营者违反本法规定，有下列行为之一的，由市场监督管理部门责令限期改正，可以处二万元以上十万元以下的罚款；情节严重的，处十万元以上五十万元以下的罚款：

（一）未在首页显著位置持续公示平台服务协议、交易规则信息或者上述信息的链接标识的；

（二）修改交易规则未在首页显著位置公开征求意见，未按照规定的时间提前公示修改内容，或者阻止平台内经营者退出的；

（三）未以显著方式区分标记自营业务和平台内经营者开展的业务的；

（四）未为消费者提供对平台内销售的商品或者提供的服务进行评价的途径，或者擅自删除消费者的评价的。

电子商务平台经营者违反本法第四十条规定，对竞价排名的商品或者服务未显著标明"广告"的，依照《中华人民共和国广告法》的规定处罚。

第八十二条　电子商务平台经营者违反本法第三十五条规定，对平台内经营者在平台内的交易、交易价格或者与其他经营者的交易等进行不合理限制或者附加不合理条件，或者向平台内经营者收取不合理费用的，由市场监督管理部门责令限期改正，可以处五万元以上五十万元以下的罚款；情节严重的，处五十万元以上二百万元以下的罚款。

第八十三条　电子商务平台经营者违反本法第三十八条规定，对平台内经营者侵害消费者合法权益行为未采取必要措施，或者对平台内经营者未尽到资质资格审核义务，或者对消费者未尽到安全保障义务的，由市场监督管理部门责令限期改正，可以处五万元以上五十万元以下的罚款；情节严重的，责令停业整顿，并处五十万元以上二百万元以下的罚款。

第八十四条　电子商务平台经营者违反本法第四十二条、第四十五条规定，对平台内经营者实施侵犯知识产权行为未依法采取必要措施的，由有关知识产权行政部门责令限期改正；逾期不改正的，处五万元以上五十万元以下的罚款；情节严重的，处五十万元以上二百万元以下的罚款。

第八十五条　电子商务经营者违反本法规定，销售的商品或者提供的服务不符合保障人身、财产安全的要求，实施虚假或者引人误解的商业宣传等不正当竞争行为，滥用市场支配地位，或者实施侵犯知识产权、侵害消费者权益等行为的，依照有关法律的规定处罚。

第八十六条　电子商务经营者有本法规定的违法行为的，依照有关法律、行政法规的规定记入信用档案，并予以公示。

第八十七条　依法负有电子商务监督管理职责的部门的工作人员，玩忽职守、滥用职权、徇私舞弊，或者泄露、出售或者非法向他人提供在履行职责中所知悉的个人信息、隐私和商业秘密的，依法追究法律责任。

第八十八条　违反本法规定，构成违反治安管理行为的，依法给予治安管理处罚；构成犯罪的，依法追究刑事责任。

第七章　附则

第八十九条　本法自 2019 年 1 月 1 日起施行。

电子商务体验

电子商务通常是指在全球广泛的商业贸易活动中，利用网络技术、计算机技术、信息技术、通信技术，基于浏览器/服务器应用方式，买卖双方不谋面地进行各种商贸活动，实现消费者的网上购物、商户之间的网上交易和在线电子支付以及其他各种商务活动、交易活动、金融活动和相关的综合服务活动的一种新型的商业运营模式。

电子商务发展到今天，其内涵已经不仅仅局限于购物，还包括网上旅游、网上学习、网上就业、网络金融、物流配送等附带服务。本章将介绍网上购物、网上旅游、网上学习、网上就业、网络金融等方面的知识。

【知识目标】

1. 掌握网上购物的流程、起源和现状，了解一淘网。
2. 了解网上旅游概况，了解携程旅行、途牛网。
3. 了解网上学习概况，了解好课网、网易公开课。
4. 了解网上就业概况，了解浙江省大学生网上就业市场网、前程无忧网。
5. 了解网络金融概况，了解平安陆金所、银行网上贷款还款。

【技能目标】

1. 能够利用相关的购物网站购买自己喜欢的物品。
2. 能够利用相关的旅游网站安排自己的旅游行程。
3. 能够利用相关的学习网站进行学习。
4. 能够利用相关的就业网站求职。
5. 能够利用相关的金融网站进行理财。

【知识导图】

戴维尼：纯网购模式

中国的珠宝电子商务公司，几乎都是从学习、借鉴甚至是复制美国珠宝电商——蓝色尼罗河开始的。美国人 Mark Vadon 于 1999 年创立专注于在线销售钻石、钻戒产品的蓝色尼罗河，公司成立后发展迅速，并于 2004 年 5 月在美国纳斯达克上市。当时的发行价为 20.5 美元，股价最高时突破 90 美元。蓝色尼罗河 2011 年的年报显示，该公司 2011 年全年营业收入为 3.48 亿美元，净利润为 1100 万美元，员工总数约 200 人。

从欧美市场复制成功的互联网模式，是中国互联网公司早年发展比较常见的现象，像淘宝网模仿 eBay、百度模仿 Google 等。蓝色尼罗河的成功也吸引了中国的模仿者，最早的有钻石小鸟、戴维尼、九钻等。下面介绍一下戴维尼。

戴维尼公司创立于 2006 年，从一开始就坚持纯网购的模式，所有的销售均在网上进行，希望能复制一个与蓝色尼罗河比较一致的经营模式。戴维尼公司的经营假设和蓝色尼罗河是一样的，即希望通过在线销售的模式减少地面店的费用，通过虚拟库存的供应链减少存货成本，以此大幅度降低钻石、钻戒的销售价格，抢夺实体店的消费者，建立自己的客户群。因此，戴维尼公司对外的推广口号是"花同样的钱，买更大的钻石"。

蓝色尼罗河的成功已经证明，消费者可以通过纯网购的方式，建立起对某一商品品牌的信赖。这种信赖与亚马逊的模式是完全不同的，这是对一个商品品牌的信赖。也就是说，既要让消费者相信在蓝色尼罗河买东西是可信的，也要让他们相信他们所购买的产品是可信的。而亚马逊卖的是其他品牌的商品，它只是一个销售店，商品的信誉是由制造商来建立的，因此，亚马逊只要让消费者相信它是一个可信的网上商店即可。从这一点看，戴维尼纯网购的模式在推广上面临双倍的成本，既要告诉消费者戴维尼这个品牌是什么，又要说服消费者在网上来购买。就价格因素来说，钻石、钻戒作为奢侈品，低价可能不是促成销售的最重要的因素，当然低价可以吸引一些追求性价比的顾客。

理论上讲，综合性的网购平台更容易推广和积累客户。如淘宝网日均流量达到 2300 万（2012 年 9 月 9 日查询数据），京东商城日均流量达到 450 万（2012 年 9 月 9 日查询数据）。而戴维尼的日均流量只有约 6000（2012 年 9 月 9 日查询数据），这说明作为一个单一品类的垂直性网站，吸引和积累流量难度较大。就蓝色尼罗河来看，面向全球各国家市场的日均流量约 60000，与综合性的网购平台相比也是非常少的。当然，通过流量购买也可以让日均流量翻几番，但成本较高，而且转化为订单的比例会降低。

因此，纯网购模式最明显的优势是价格，需要解决的是客户的品牌认同的建立问

题，网络推广成本和品牌推广成本要在合理的范围内。

> 思考：网上购物给了客户怎样的体验？除了网上购物，我们还能利用电子商务做些什么？

5.1 网上购物

课堂讨论

你有过哪些印象比较深的网上购物的经历？那些经历给你留下了怎样的印象？

5.1.1 网上购物概述

1. 网上购物流程

网上购物，消费者一般会先通过搜索工具检索商品信息，待找到心仪的商品和卖家后，通过电子订购单向卖家发出购物请求，再通过网络支付工具完成货款的支付，卖家通过确认订单、拣货、验货、出库、打包、发送快递的方式把消费者选购的商品发送到消费者手中。

2. 网上购物的起源和现状

1999 年底，我国互联网高潮来临，中国网络购物用户规模不断上升。对于一些传统企业而言，通过一些传统的营销手段已经很难应对当时的市场。而网络购物正好为当时的传统企业提供了一个很好的机会与平台，传统企业通过借助第三方平台和建立自有平台纷纷试水网络购物。构建合理的网络购物平台、整合渠道、完善产业布局成为传统企业未来的发展重心和出路。图 5-1 所示为我国 2011—2018 年电子商务交易规模。

图 5-1　2011—2018 年中国电子商务交易规模

5.1.2 网上购物实务

下面以一淘网比价购物为例介绍网上购物。

1. 一淘网简介

一淘网立足淘宝网丰富的商品基础,通过提供导购资讯,解决用户购前询价和购后的售后服务中遇到的种种问题,为用户提供购买决策,帮用户更快地找到物美价廉的商品。

2. 一淘网网站的入口

入口一:在百度搜索栏里输入"一淘网"可找到一淘网的官网链接,如图5-2所示。单击该链接,进入一淘网首页。

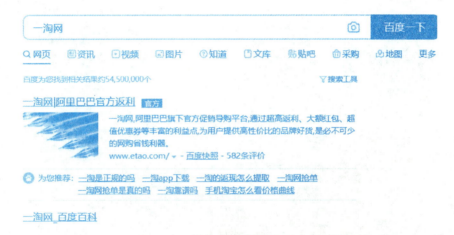

图 5-2　从百度搜索栏找到一淘网官网网址

入口二:在浏览器地址栏里输入一淘网网址"http://www.etao.com/",也能进入一淘网网站。一淘网首页如图 5-3 所示。

图 5-3　一淘网首页

3. 一淘网网站的使用

人们使用一淘网主要是利用其搜索比价功能对要购买的商品进行搜索比价。在一淘网的搜索框中输入要寻购的商品，一淘网能根据搜索关键词查找网上售卖该商品的不同卖家的信息、售价信息、优惠信息等，对网购决策有很好的参考价值。

例如，消费者要网购一个电吹风，可以先在一淘网的搜索框中输入"电吹风"关键字，然后单击"搜索"按钮，如图5-4所示，一淘网就可以帮助查找到各种价位、各种品牌的电吹风信息，并将搜索结果显示出来，如图5-5所示，买家可以通过这些搜索结果找到自己心仪的电吹风型号和卖家。

图5-4　在一淘网搜索框中输入搜索关键字

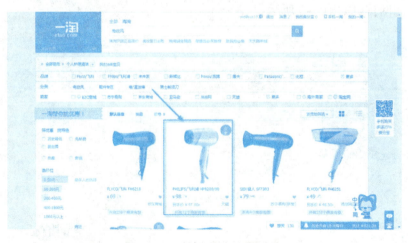

图5-5　一淘网搜索结果页面

假如买家在搜索结果中看中第1行第2个商品，可以单击这一款商品进入更详细的查找结果，以确定在哪一个网店购买。

这时，需要在一淘网的搜索框中输入该吹风机商品的具体型号，然后单击"搜索"按钮，如图 5-6 所示，此时一淘网针对该电吹风型号搜索各网购平台的各个网店，查找该电吹风各卖家的价位、网店名称信息，并显示搜索结果，如图 5-7 所示，买家可以通过这些搜索结果去选择中意的网店。

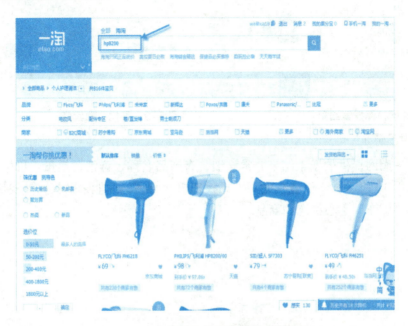

图 5-6　一淘网搜索框具体商品型号检索

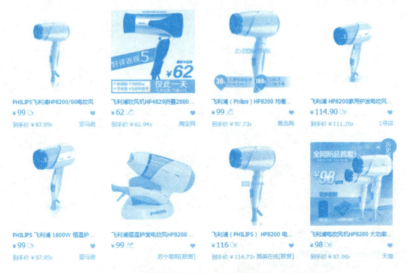

图 5-7　一淘网针对具体型号商品的搜索结果

如果单击第一步模糊搜索结果中显示的"共有 72 个商家有售"这个超链接（图 5-8），就可以打开 72 个卖家的详情，找到中意的卖家，如图 5-9 所示。

图 5-8　一淘网模糊搜索结果中"卖家情况"

图 5-9　寻找中意卖家

如今，一淘网提供的搜索结果非常详细，有产品名称、详情、销量、价格、评价、邮费等，如图 5-10 所示，不仅能帮助买家寻找理想的商品，还能帮助买家查找优质的网店，从而买到物美价廉、称心如意的商品。

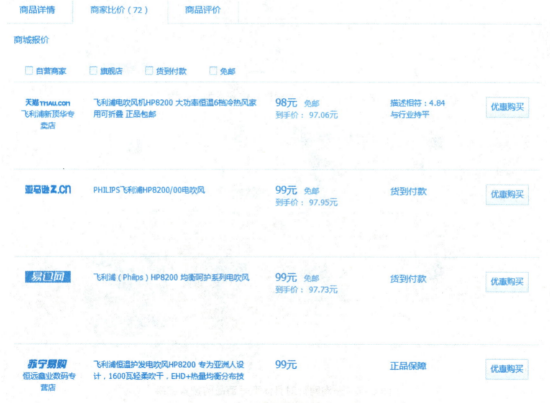

图 5-10　一淘网详细的搜索结果

5.2 网上旅游

5.2.1 网上旅游概述

随着生活水平的日益提高，人们对休闲旅游的需求越来越高，旅游服务网站越来越多。旅游网是旅游组织向公众展示旅游信息的网站，有官方旅游网站，也有私人旅游网站。官方旅游网站侧重政务，私人旅游网站侧重旅游市场及宣传，向广大旅游朋友提供旅游相关的服务信息、产品信息等。

随着互联网成为最大的传媒，我国的旅游网站在1996年开始出现。旅游网发展速度非常快，每年都有成千上万家旅游网站出现，截至2012年年底具有一定旅游资讯能力的旅游网有5000多家，其中专业旅游网300余家。影响较大的旅游网有携程旅行、途牛网、同程网、驴妈妈旅游网。

5.2.2 网上旅游实务

1. 携程旅行

携程旅行是中国领先的酒店预订服务网站，创立于1999年，拥有国内外60余万家会员酒店可供预订。携程旅行的业务开展很早，并紧跟用户的需求，开展新的服务。目前携程旅行的服务项目主要有酒店、旅游、机票、火车票、汽车票、用车、门票、团购、攻略、全球购、商旅等。携程旅行主页如图5-11所示。

图 5-11 携程旅行主页

携程旅行预订酒店的服务种类有单独的酒店预订、酒店+景点预订、客栈民宿预订等，都非常受欢迎。操作界面如图 5-12 所示。

图 5-12　携程旅行国内酒店预订操作界面

携程旅行提供的旅游项目非常多，有周末游、跟团游、自由行、游轮、酒店+景点、当地玩乐、主题游、抱团定制、游学、签证、企业会奖、顶级游、爱玩户外、保险、特卖汇等。旅游项目搜索如图 5-13 所示。

图 5-13　携程旅行旅游项目搜索

2. 途牛网

途牛网于 2006 年 10 月创立于南京，以"让旅游更简单"为使命，为消费者提供从北京、上海、广州、深圳、南京等 64 个城市出发的旅游产品预订服务，产品全面，价格透明，全年 365 天 24 小时电话预订，并提供丰富的后续服务和保障。

途牛网提供 8 万余种旅游产品供消费者选择，涵盖跟团、自助、自驾、邮轮、酒店、签证、景区门票以及公司旅游等。图 5-14、图 5-15 分别是途牛网的主页和国内旅游页面。

图 5-14 途牛网主页

图 5-15 途牛网国内游页面

5.3 网上学习

5.3.1 网上学习概述

网上学习也称网络学习，是指通过计算机网络进行的一种学习活动，主要采用自主学习和协商学习的方式进行。相对传统学习活动而言，网络学习有以下三个特征：一是共享丰富的网络学习资源，二是以个体自主学习和协作学习为主要形式，三是突破了传统学习的时空限制。

1. 网络学习具有传统学习无可比拟的优点

网络学习必须自己主动学习。当学生面对计算机时，他所产生的第一感觉就是：我将要用它来学习了，我必须自己干了。这促使学生确立自己在学习过程中的主体地位。

117

2. 网络背景下的学习体现了真正的因材施教

学生学习不受入学年龄的限制，并且可以避免传统教学模式下时间和空间的限制。网络环境对学生来说是时空的解放，宽松的学习氛围更可以使学生发挥他们的聪明才智，他们可以在学习活动中相互启发、协作交流，学会交流与合作。

3. 网络背景下学生学习有较强的独立思维能力，不迷信教师，能批判性地学习

网络背景下的学习是一种多向的信息交流活动，学生在获取不同的学习资源时可进行比较，集思广益，取长补短，深入理解和消化所学的知识。

学生学习动机呈多样性，学习压力因素各异，而在网络背景下学生可根据自身的特点采取不同的学习方法。

5.3.2 网上学习实务

1. 好课网

好课网是中国教育在线的在线学习平台，该平台面向学习者提供涵盖基础教育、高等教育以及行业培训等海量优质网络课程，汇聚各科目精英教师和课程，学习者可以自由选择所需的或者感兴趣的课程进行学习。好课网提供免费课程和收费课程，网站能显示每门课程在线学员的人数。图 5-16 所示为好课网首页。

图 5-16　好课网首页

登录好课网后可以免费注册为学员身份，选择需要的课程进行学习，系统会记录每一位学员的学习进度。学员对好课网的评价很高，如图 5-17 所示。

好课网的注册与登录界面如图 5-18 所示。

注册好课网的账号后，就可以登录好课网，选择课程并参加课程的学习了。图 5-19 所示为好课网登录窗口。

图 5-17　好课网的百度口碑评价

第5章 电子商务体验

图 5-18 好课网的注册与登录界面　　　图 5-19 好课网登录窗口

图 5-20 所示为好课网注册用户的学习界面。

图 5-20 好课网注册用户的学习界面

2. 网易公开课

（1）网易公开课简介。

2010 年 11 月，网易正式推出"全球名校视频公开课项目"。首批 1200 集课程上线，其中有 200 多集配有中文字幕。用户可以利用 PC 端或者移动端免费观看来自哈佛大学等世界级名校的公开课课程，内容涵盖人文、社会、艺术、金融等领域。网易公开课秉承开放、平等、协作、分享的互联网精神，让知识无国界，力求为爱学习的网友创造一个公开的免费课程平台。

119

（2）网易公开课的使用。

网易公开课网站首页如图 5-21 所示。

图 5-21　网易公开课网站首页

网易公开课的课程资源很丰富，有国际名校公开课、中国大学公开课、TED、可汗学院、赏课、Coursera、公开课策划、中国大学 MOOC（慕课）等。其中 TED 包含技术、娱乐和设计内容。可汗学院是职业学习和考证类课程，赏课是欣赏性的课程。Coursera 是一家在线教育公司，是全球领先的大规模开放课程平台，与全世界最顶尖的大学和机构合作，免费提供在线课程。和一般的公开课不同，Coursera 的课程有固定的开课和结课时间，需要学生定期上交作业和完成考试，完成整门课程后，学生可以拿到一张国际证书，证明自己的专业能力。公开课策划是为教师上传课程服务的。中国大学 MOOC 是高等教育开放类课程，携手网易云课堂，让每一个有提升愿望的人在这里学习中国最好的大学课程，学完还能获得认证证书。

中国大学 MOOC 教学资源来自清华、北大、浙大、复旦、上海交大等 39 所 985 高校的顶级课程，是最好、最全的大学课程。学习者完成课程学习后，可以获得讲师签名证书。这些证书不仅仅是一种荣耀，更是学习成长的里程碑。图 5-22 所示为一张中国大学 MOOC 证书模板。

图 5-22　中国大学 MOOC 证书模板

中国大学 MOOC 有全新完整的在线教学模式，如定期开课、简短视频、提交作业和同学老师交流，无论是在家里，在咖啡馆，还是在旅途，进度任由学习者掌握。单击网易公开课中图 5-23 所示的图标就可以登录 MOOC。

图 5-23　登录 MOOC 的图标

图 5-24 所示为高等教育中国 MOOC 的首页。

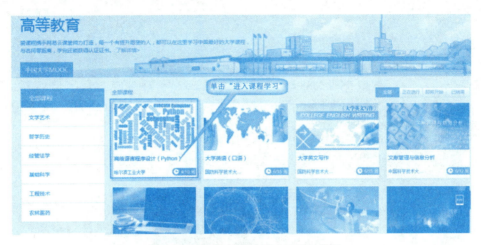

图 5-24　高等教育中国 MOOC 首页

中国大学 MOOC 的课程全是免费课程，每门课程有具体的开课时间和开课时长，课程涵盖文学艺术、哲学历史、经管法学、基础科学、工程技术、农林医药等。例如，在图 5-24 中单击"高级语言程序设计（Python）"课程，进入课程学习，学习界面如图 5-25 所示。

图 5-25　"高级语言程序设计（Python）"学习界面

中国大学 MOOC 学习条款如图 5-26 所示。

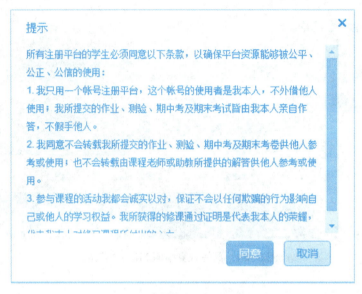

图 5-26　中国大学 MOOC 学习条款

必须接受学习约定，才能进入 MOOC 的学习环节。在图 5-26 中单击"同意"按钮，进入学习页面，如图 5-27 所示。

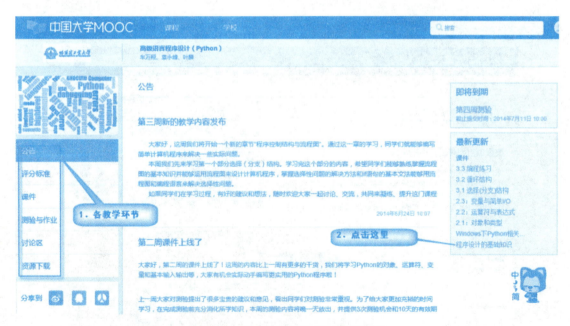

图 5-27　中国大学 MOOC 学习界面

图 5-27 左边面板"1.各教学环节"部分有公告、评分标准、课件、测验与作业、讨论区和资料下载，涵盖了所有的教学、学习、考核环节。右边教学资源区，单击相应教学

资源可以进入课堂学习。教学视频播放如图 5-28 所示。

图 5-28　中国大学 MOOC 教学视频播放界面

通过教学视频学习完课程的一个知识点后，MOOC 提供检验学习效果的环节，学习者可前往测验环节检验自己的学习效果。图 5-29、图 5-30 分别是测验与作业页面、测验页面。

图 5-29　测验与作业页面

图 5-30 测验页面

测验结果如图 5-31 所示。

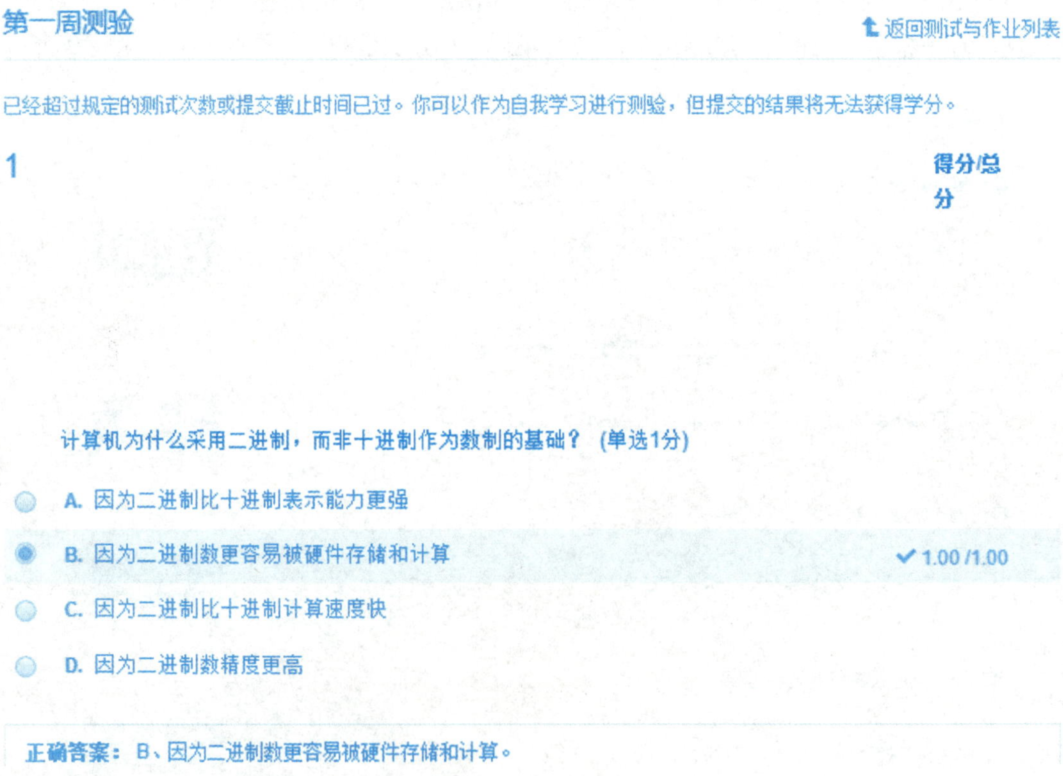

图 5-31 测验结果

MOOC 还提供答疑服务，图 5-32 所示为答疑区界面。

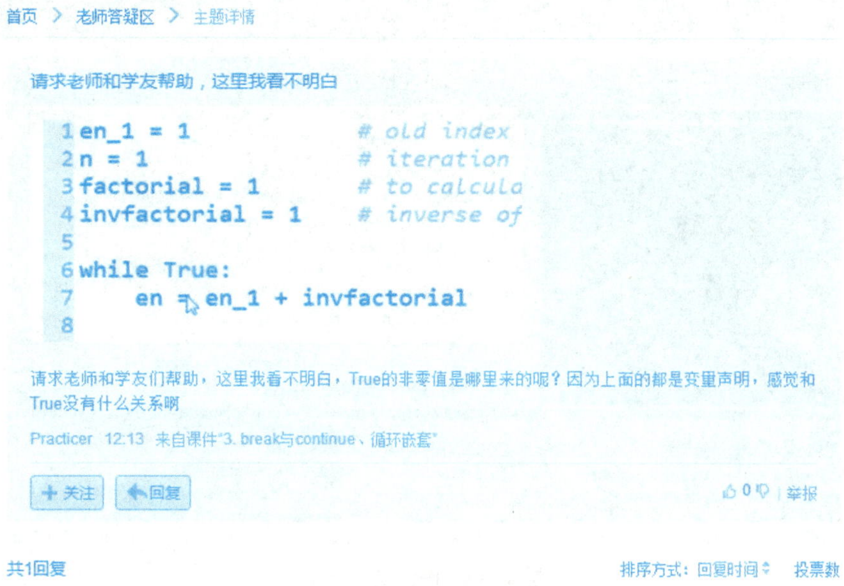

图 5-32　MOOC 答疑区界面

5.4　网上就业

5.4.1　网上就业概述

网上就业也称网络求职。由于互联网的发展，现在信息的网络化日益显著，互联网已经成为我们工作、生活、招聘、求职必不可少的帮手，在网上找工作已经成为广大求职者的必选途径。当今大学生广泛借用网络求职平台来找工作、投简历，甚至在线面试。

5.4.2　网上就业实务

1. 浙江省大学生网上就业市场

浙江省大学生网上就业市场网站是浙江省地方政府为大学生提供免费就业指导的平台，网站为学生提供注册、发布个人信息、投简历、浏览招聘岗位、在线面试等功能，为企业提供注册、发布企业招聘信息、浏览求职者简历、求职要求、联系求职者、进行在线面试等功能。网站的功能设计合理，为求职者和企业提供免费服务，深受求职者和企业的喜欢。

浙江省大学生网上就业市场网站的网址是 http：//www.ejobmart.cn/。打开浏览器，在地址栏输入 http：//www.ejobmart.cn，就可以进入图 5-33 显示的页面。

图 5-33 网站首页页面

单击"我是学生"进入我是学生页面，输入学生账号、登录密码，单击"登录"按钮，进入"我是学生"管理页面，如图 5-34、图 5-35 所示。

图 5-34 "我是学生"登录页面

在"我是学生"管理页面，可以输入学生个人基本信息、综合素质信息、编写个人简历、浏览简历、应聘、面试等。

第 5 章 电子商务体验

图 5-35 "我是学生"管理页面

2. 前程无忧网

前程无忧网成立于 1999 年,网站服务两类人:一是为积极进取的白领阶层和专业人士提供更好的职业发展机会,帮助他们寻找新的工作岗位;二是致力于为企业搜寻、招募最优秀的人才,还可以进行人才培训。目前,前程无忧网已成为中国占有领导地位的专业招聘网站。

在百度搜索框输入"前程无忧",可以找到前程无忧官网链接,进入前程无忧网主页,如图 5-36 所示。

图 5-36 前程无忧网主页

127

前程无忧网个人登录页面如图 5-37 所示。

图 5-37　前程无忧网个人登录页面

前程无忧网企业登录页面如图 5-38 所示。

图 5-38　前程无忧网企业登录页面

5.5 网络金融

5.5.1 网络金融概述

网络金融又称电子金融,从狭义上讲是指在国际互联网上开展的金融业务,包括网络银行、网络融资、网络投资、网络理财、网络证券、网络保险等金融服务及相关内容。网络金融不同于传统的以物理形态存在的金融活动,是存在于电子空间中的金融活动,其存在形态是虚拟化的,运行方式是网络化的。由于网络金融的快捷方便,近两年网络金融飞速发展,网络金融网站如陆金所、人人贷、投哪网、点融网等如雨后春笋般地出现。

网络贷款安全注意事项

如今,网络贷款已成为流行的借贷方式,但也潜伏着诸多陷阱。只有通过正规途径,选择正规的网贷平台才能安心借钱、踏实办事。那么如何判断网贷平台的正规性,又如何判断究竟哪个网贷平台安全呢?下面为大家讲解一下判断经验。

一、如何防范网贷诈骗

(1)正规的贷款机构在放款前是不会收取任何费用的。

(2)选择了贷款机构后,务必亲自到公司进行考察。

(3)不要轻信"无抵押贷款、当天放款"等广告标语,贷款仅凭身份证是不能办理的,并且银行对无抵押贷款是有严格要求的。因此群众在申请贷款的时候一定要谨慎,以免上当受骗。

(4)不要过分依赖网络,遇到有人借款,要牢记"不决断,晚交钱,睡一觉过一天,再找亲人谈一谈"的口诀,多留一点时间给自己思考并核实相关情况。

(5)一旦发觉对方可能是骗子,马上停止汇款,防止损失扩大。

(6)马上举报,可拨打官网客服电话、当地派出所电话或110报警电话,向有关部门进行求证或举报。

二、判断网贷平台正规性的方法

1. 信息系统安全等级保护备案证明

很多网贷平台非常会说话,尤其是老百姓最关心的安全问题,如自己的资金安全有没有保障,平台会不会流出自己的资料。他们尽管说得头头是道,甚至让人心服口服,但关键要问,他们是否具有国家公安部监制的信息系统安全等级保护备案证明,这样就能了解

这个平台的真实安全情况了。

2. 行业认可度

国家公安部监制的信息系统安全等级保护备案证明能重新说明一个平台的安全性和保密性，而要看这个平台是否经得起重重考验，是否真的具备雄厚的实力，尤其是能否得到行业乃至市场的认可，就要看在该领域，该平台是否获得过公信力机构颁布的荣誉，如工信部的认可。

3. 强酸法则

所谓强酸法则，就是看网贷平台具不具有社会公信平台的独家报道，具不具有省市级相关组织机构人员的考察与肯定。如果一个网贷平台能够被公信平台（注：必须是具有报纸发行资格的报道平台）进行专访，或者得到当地省市级认可，那这样的平台是非常稀有的，也就是所谓的安全性保障平台。

4. 龙头法则

龙头法则的精髓在于"真实"二字。现在路上碰见两个人，其中一个就是CEO（首席执行官）或创始人——头衔大但虚晃。真正要看的是企业创始人或者领导是否曾在国际大企业担任要职，是否真的具备行业操控能力以及专业度，而不是在国外玩了几年假装镀金。

5. 完备的配套系统

合格的网贷平台必须具备与之配套的服务系统，如支付宝、财付通等APP的开发和维护成本非常高，一般性的平台没有耐心也没有资金去找专业的团队完成，客户体验好的网贷平台APP更是少之又少，没有完备配套系统的网贷平台不予考虑。

6. 小心夸大信息

具备安全性、长期性，健康发展的网贷平台必然在网贷条款和理财条款制定方面非常慎重，绝不会承诺超出市场范围的收益和非常诱人的网贷利息条件，能保证"不作妖"的网贷平台才是好网贷平台。

7. 前期客户的操作和风评痕迹

没有哪个服务商是能够令所有客户都满意的，但是绝大多数客户的声音也会反映网贷平台的真实情况，可以作为相关参考。

三、防范校园不良网络贷款

1. 何为"校园不良网络借贷"

随着网络借贷的快速发展，一些P2P网络借贷平台不断向高校拓展业务，部分不良网络借贷平台采取虚假宣传的方式和降低贷款门槛、隐瞒实际资费标准等手段，诱导学生过度消费，甚至使学生陷入"高利贷"陷阱，侵犯学生合法权益，造成不良影响。

2. "校园贷"三大陷阱

（1）费率不明。

校园网络借贷平台出于抢占市场和竞争的需要，会隐瞒或模糊实际资费标准、逾期滞纳金、违约金等。调查显示，约六成的平台费率不明确，逾期后每日费率最高与最低相差

60倍之多,成了"高利贷"。

(2)简化流程。

为了方便推广,扩大用户数量,很多校园网贷平台对申请贷款的大学生的审核流程非常简单,主要依靠线上途径完成授信,在填写多项个人信息资料后,主要通过远程视频等途径确认信息,有的甚至只需提供学生证和身份证即可办理。

(3)暴力催款。

校园贷平台普遍存在不文明的催收手段,如"关系催收",学生借款时被要求填写数名同学、朋友或亲属的真实联系方式,如果不能按时还款,平台就会把其逾期信息告知该学生的关系圈,严重干扰和伤害借款学生。

网贷诈骗经过层层包装,一般很难发现其中的猫腻。破解网贷诈骗,首先应保护好个人隐私信息,不给犯罪分子可乘之机;其次,对"自报家门"的陌生人保持警惕,立即向相关方核实对方身份。网贷需谨慎,务必提高对第三方平台的风险防范意识,加强法律意识,发现不妥或有疑问要及时咨询,切勿存有侥幸心理!

3. 如何避免这些陷阱

(1)严密保管个人信息及证件。

个人信息一旦被心怀不轨者利用,就会造成个人声誉、利益损失,甚至有可能吃上官司。如果个人信息被用到互联网金融平台贷款,不止会蒙受现金损失,不良借贷信息还有可能被录入征信体系,不利于将来购房、购车贷款。

(2)树立理性科学的消费观。

要树立理性科学的消费观,养成艰苦朴素、勤俭节约的优秀品质;不要因为盲目追求物质享受而冲动消费、过度消费,甚至负债消费,避免使用网络借贷。

(3)普及相关知识。

普及投资与消费相关的金融知识教育,帮助学生树立、培养防范"力所不及"的风险意识和识别各种非法借贷的意识与能力。

5.5.2 网络金融实务

1. 平安陆金所

陆金所,全称上海陆家嘴国际金融资产交易市场股份有限公司,属于平安集团旗下成员,是中国大的网络投融资平台之一,2011年9月在上海注册成立,注册资本金8.37亿元,总部设在国际金融中心上海陆家嘴。

陆金所旗下网络投融资平台于2012年3月正式上线运营,是中国平安集团打造的平台。陆金所结合全球金融发展与互联网技术创新,在健全的风险管控体系的基础上,为中小企业及个人客户提供专业、可信赖的投融资服务,帮助他们实现财富增值。截至2014年1月末,注册用户已逾570万。图5-39所示为陆金所的登录界面。

图 5-39　陆金所的登录界面

陆金所的服务对象为合格投资人、小微企业及个体工商户，提供的主要服务如下。

（1）稳盈-安 e。

"稳盈-安 e"是陆金所平台推出的个人投融资服务。陆金所向投资方（投资人）和融资方（借款人）提供"稳盈-安 e"服务，帮助双方快捷方便地完成投资和借贷。通过平安集团旗下担保公司审核的借款方直接向投资方借贷，双方通过平台的电子借贷协议，明确双方的债务与债权关系。"稳盈-安 e"服务仅向符合中华人民共和国有关法律法规及本公司相关规定的合格投资人和借款人提供服务。图 5-40 所示为陆金所投资频道，图 5-41 所示为陆金所担保投资产品"稳盈-安 e"。

图 5-40　陆金所投资频道　　　　图 5-41　陆金所担保投资产品"稳盈-安 e"

"稳盈-安 e"项目通过创新，有效解决了网络借贷行业投资回报与安全性的平衡问题。

（2）保险和理财。

富盈人生是平安养老保险股份有限公司依据保监会要求所设计的面向团体和个人发行的养老保障委托管理产品，如图5-42所示。

（3）票据收益权转让信息服务。

陆金所为非金融企业与金融企业机构推出了票据收益权转让信息服务业务。票据收益权转让是指借入人（一般为企业）以其持有的、未到期的银行承兑汇票，经过质押，将收益权转让给投资人。陆金所票据收益权转让信息服务中，陆金所作为信息中介为需要融资的持票人和投资人发布和传递信息与咨询服务，如图5-43所示。

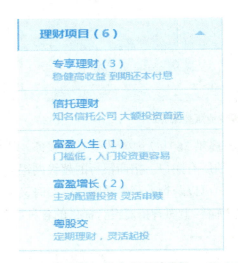

图5-42　陆金所理财项目

图5-43　陆金所票据项目

2. 银行网上贷款还款

网上银行也称电子银行，就是传统银行业务的网络化、电子化。网上银行是银行业金融机构利用互联网以及银行专用网络，向客户提供的网上银行服务。人们可以通过网上银行方便快捷、随时随地地办理银行业务。

（1）招商银行。

1997年4月，招商银行正式建立了自己的网站，成为国内第一家上网的银行。1998年2月招商银行推出网上银行"一网通"。1999年9月6日，招商银行与中国邮电电信总局、中国南方航空公司和新浪网在北京签订了电子商务全面合作协议。至此，招商银行已率先在全国启动网上银行业务。2001年3月，招行推出了具有世界较先进水平的网上银行的个人银行专业版。图5-44所示为招商银行的个人网银专业版登录界面。

图 5-44　招商银行个人网银专业版登录界面

招商银行的网银业务非常先进、完善、发达，提供 $365\times7\times24$ 的全时段服务。招商银行的一卡通服务帮助网银用户管理其在招商银行的所有账户。招商银行的超级网银服务帮助用户管理不同银行下的所有网银账户，各个账户可以跨行、跨界转账，既实时又免手续费，深得用户喜欢。图 5-45 所示为招商银行主界面，上面有招商银行提供的各种服务，如一卡通和超级网银。

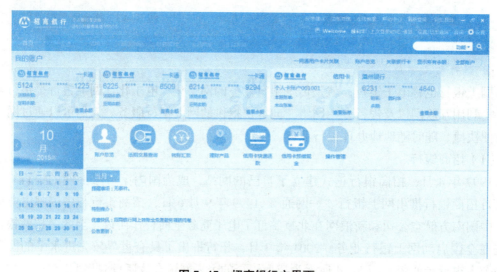

图 5-45　招商银行主界面

图 5-46 所示为招商银行超级网银的功能界面。

图 5-46　招商银行超级网银的功能界面

（2）宁波银行。

宁波银行作为一家快速发展的地方性商业银行，网银也做得非常好，服务理念好，业务先进。这里介绍它的网上自助贷款、网上自助还贷功能。图 5-47 所示为宁波银行的登录界面。

图 5-47　宁波银行的登录界面

图 5-48 所示为宁波银行的自助贷款界面。

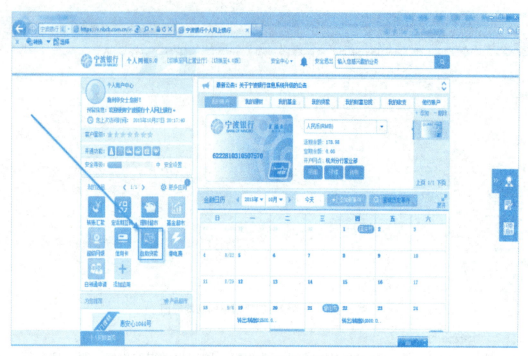

图 5-48　宁波银行的自助贷款界面

图 5-49 所示为宁波银行的发放贷款界面。

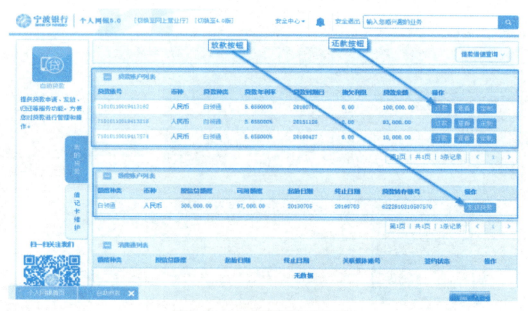

图 5-49　宁波银行的发放贷款界面

知识回顾

（1）网上购物的流程：网上购物，消费者一般会先通过搜索工具检索商品信息，待找到心仪的商品和卖家后，通过电子订购单向卖家发出购物请求，再通过网络支付工具完成货款的支付，卖家通过确认订单、拣货、验货、出库、打包、发送快递的方式把消费者选购的商品发送到消费者手中。

（2）网上购物的流程。

（3）以一淘网为例介绍网上购物实务。

（4）以携程旅行、途牛网为例介绍网上旅游。

（5）以好课网、网易公开课为例介绍网上学习。

（6）以浙江省大学生网上就业市场网、前程无忧网为例介绍网上就业。

（7）以陆金所、网上银行贷款还款为例介绍网络金融。

课后练习

1. 什么是网上购物？你有过网上购物的体验吗？
2. 你经常通过哪些网站进行网上学习？有怎样的体验？
3. 你从就业网站上了解过就业的信息吗？你怎么看网上就业？

拓展阅读

全新的电商体验，请不要忽略这6个要素

随着电商零售的发展，与像亚马逊、阿里巴巴和沃尔玛这种巨头的竞争促进了其他零售商的快速发展。这些巨头为消费者提供了一站式服务、琳琅满目的选择、低廉的价格、方便快捷的送货服务，以及像包邮和免费退货这样的优惠。

正如Jakob的互联网用户体验法则提到的：用户的大部分时间都花在了其他网站上。所以，毋庸置疑，用户在这些大平台上的体验会提高他们对购物的期望，他们希望其他零售商提供同等质量的服务。现在电商的市场价值竞争围绕着谁可以满足顾客对简单、快捷、可靠和便捷的购物体验不断增长的期望。

在新的研究中，我们分析了现在和以往电商用户之间期望的变化，主要有以下六个大主题。

一、便捷

当零售商通过各种渠道提供灵活的购物体验时，用户对于"便捷"的期望便开始有增无减。他们希望用自己的方式购物，这与什么时候，他们在哪儿，使用什么设备和渠道无关。企业总是认为线上和线下是两种完全不同的购物体验。但是，消费者不这么看，他们

希望两者能够无缝融合。

消费者希望他们去实体店体验、提货以及退货。店内提货适用于很急或者想要节省运费的用户。另外，提供附近商店准确的库存信息能让消费者一目了然地知道他们应该去哪里提货，方便省心。

所有的测试者都非常感谢电商让他们省去白跑实体店的时间。消费者对那些清晰标出商品货架位置的商家大加赞赏，也同样欣赏在消费者到之前就准备好商品的商家。方便还体现在，对于经常订购的商品，消费者可以很轻松地续订，这样他们就不会担心它们快用完了。像亚马逊和沃尔玛这样的巨头已经开始为消费者提供这样的服务了。

智能语音购物，如 Alexa、Siri、Google assistant 已经成为一种新的互动方式，用户直接告诉他们的设备，他们需要从他们喜欢的网站订什么，这将便利性提升到了一个新的层次。未来，这些技术有可能加深消费者对于购物便捷性的认知。

二、快

过去，网购通常代表需要几天甚至几周才能到货。现在这种情况不存在了，亚马逊几年来一直提供 2 天到货的服务，最近已开始提供当天送达服务，有些地方的送达时间甚至能够缩短到几个小时。它不再依赖于第三方快递，已经跳出了传统的思维模式。

因此，今天的线上消费者想要在电商上获得即刻的满足，到货速度成为消费者在众多选择中主要的衡量指标，同时也拉开了与其他电商的差距。用户想要的快不仅体现在运输速度上，还包括一键下单和简化的购买流程。快速无缝的体验最大限度地提高了在线购买的效率，使客户产生共鸣。能够达到以上预期的电商会赢得消费者的信任和忠诚度。

Barnes and Noble 在商品详情页为登录用户提供了立即购买的选项，在线购物一键完成。

对于那些使用传统支付方式的用户，Barnes and Noble 支持附近商店线上支付、线下提货，还支持用 PayPal 里的数据进行快速购物。

三、隐私安全

用户日渐希望电商保护他们的隐私并且他们的信息是安全的，但用户对于解决这些问题的耐心却日益减少。用户对安全的高要求来源于数据泄露事件以及失去对像 Facebook、Equifax 和 Yahoo 等企业的信任。

这些公司都有过重大的安全事件发生。如果用户不确定他们的数据在电商网站上是否被安全保管，他们不会再次在该网站消费。我们的研究对象希望他们能有安全感并且电商能妥善保管他们的数据。电商企业应该在这些领域进行投资并且减少用户对于数据安全的担忧。他们应该分享他们在整个体验中如何谨慎地使用用户数据，从而使用户更有安全感。

四、准确性

消费者对于"准确"的标准有所上升。当企业提供准确的信息时，用户会有良好的体验。现在消费者希望的"准确"包括地理位置、库存信息、订单状态、提货时间、价格、到货时间和用户评价。测试者发现电商的网站只提供模糊的商品信息、宽泛的到货时间或者额外收费时，他们会很失望。他们不明白为什么这个公司不能像其他公司一样提供精确的服务。

Pottery Barn 的超大件产品都会有统一的附加运费，但是在产品页面上并没有体现实际的运费价格。只有非常仔细的用户在跳转到运费信息（运输及退货范围下）页时才能找到这条信息。终于，在这个页面上，他们找到了一个费用计算器。

超大件商品的介绍页面显示会收取运费，但并没有说收多少，只有进入结算页面用户才知道实际费用。在产品介绍页面上的额外运费信息不是很有用，虽然他们提供了一个跳转到运费详细页面的链接。

Pottery Barn 完全可以把这个信息放在更前面一点，因为人们在结算之前，想知道要支付多少运费。与其在产品价格旁边放一个统一的邮费价，不如预估一个最低运费。更好的办法是，网站可以在价格旁边提供一个运费计算器，如 Restoration Hardware 做的，直接把运费计算器嵌入页面，用户只要输入他们的邮编就能显示运费。

Restoration Hardware 家具最低的运费是 199 美金，但是用户可以输入他们的邮编了解实际的运费。

除了希望信息超级精确外，用户对于那些不准确信息的容忍度降低。当测试者看到错误的信息或者遇到一些"惊喜"时，他们立刻开始怀疑这个网站的可靠性。我们的一位测试者养了一只斗牛犬，他在 TheTCshop.com（主要经营狗类相关的礼品和用具）购物时发现该网站将其他品种的狗也归为斗牛犬，很不开心。

他说："这个羊毛毯写着斗牛犬羊毛毯。我点开后马上生气了，因为他们竟然放了一张意大利卡斯罗犬的照片，这家网站把它们都弄成了斗牛犬。每次我浏览这种网站的时候，如果它把其他品种混在一起，我是不会在它上面消费的。"

永远给消费者呈现准确的信息，否则请不要将信息放在网站上。提供的信息越准确，消费者越能产生更多的可控感，电商一定要培养消费者的这种可控感。当消费者充斥着各种各样的选择时，他们会质疑所有东西，包括产品信息、评分和消费者评价。持续给消费者提供准确和高质量的信息能培养消费者产生信赖感。这也是和其他竞争对手拉开差距的机会。

五、更多选择

消费者除了希望获取高质量的信息外，也在其他地方寻求更好的体验，如网站提供的付款方式、快递、续订服务甚至客服的渠道。许多网站都提供了前所未有的灵活性，这种灵活性可以让用户根据自己的需求设计专属的购物体验。因此，消费者希望电商给他们随心所欲的选择。

例如，为了拉开与其他床垫零售商的差距，Casper.com 提供了免费试用 100 天的服务。如果客户不满意，Casper 会上门取走床垫并且全额退款。

早期的电商只支持信用卡结算，不过后来开始出现其他结算方式，如 PayPal、Amazon Pay、Visa Checkout、Masterpass、Apple Pay 和 Amex Express Checkout。Overstock.com 甚至提供比特币结算。（尚不确定加密货币是否会成为消费者愿意的结算方式。）

消费者还希望在客服上有多种选择。无论是在线客服、电话咨询，或者社交媒体，受访者都希望能够多渠道地接受帮助。当消费者需要帮助时，他们可以根据情况选择他们想要的咨询渠道。例如，在工作中不适合讲电话，消费者可以在 Facebook 上留言；开车不方便打字，打电话最符合消费者的需求。消费者有不同的需求，也有不同的紧急程度，发消息和电话求助都是很有帮助的。西南航空通过在 Facebook Messenger 上提供客户服务，曾帮助消费者在其会员账户上修改名字。消费者觉得这个服务很快、很方便，因为他也是 Facebook 的消费者。

Overstock.com 清晰展示了所有客服的渠道。他们提供了每个渠道的等待时间和响应时间等有用的信息。

6. 体验

之前不错的消费者体验在今天就变成了一般的体验。随着电商的发展，消费者的舒适等级上升，他们希望得到更多的惊喜和愉悦。精致的包装、让人满意的内容，甚至实物向数字化的延伸，这些都能与竞争对手拉开差距。

例如 Stitch Fix 用细节体验吸引消费者。这种定制化的服务通过精美的包装和产品展示很好地衔接线下和线上的服务。每个快递盒还附上了富有创意的穿搭建议。

Neiman Marcus 在某些实体店推出了记忆镜子。这些镜子通过拍摄消费者试穿不同衣服的样子帮助他们对比。消费者还可以虚拟更换试穿衣服的颜色，这个镜子还提供 360 度全景视角，方便查看。消费者还可以分享试穿的照片给其他人。

再如 Urban Outfitters 的应用提供可扫描的二维码，消费者可以在结算的时候在商店中获得奖励。

一位受测者很喜欢 Office Depot 提供她用公司账号在店内的购买记录。她说："这样我就不用打电话给客服让他们帮我查我的购买记录了。"这对企业来说，它们可以知道哪些产品需要支出，也同样方便了消费者再次购买。

消费者对电商体验的看法直接取决于他们的期望，以及这些期望是否能被满足。

商家应该思考不断变化的电商领域以及这些变化如何影响消费者使用商家的网站和服务。商家应该在更大的框架中去评估消费者体验。同时，请思考你是否达到了消费者的预期，或者你是否时刻因消费者需求而变。

网上开店流程

随着网络技术与互联网应用环境的日趋成熟,网上营销模式不断创新,越来越多的网民习惯于网上购物,同时很多网民也计划着开设自己的网店,成为网络卖家。网上开店是指建立在第三方提供的电子商务平台上,由商家自行开展电子商务的一种形式,它是在互联网时代背景下诞生的一种新的商业模式。淘宝是国内知名度最高、流量最大的C2C平台,在淘宝平台上开设网店不仅免费、门槛低而且开店的流程非常简单。

【知识目标】

1. 掌握淘宝网店的开店流程,包括前期准备、注册淘宝会员、开店条件及实名认证、完善店铺基本信息。
2. 掌握商品发布的流程、快递模板的设置、商品发布的注意事项。

【技能目标】

1. 能够根据淘宝网店的开店流程自己开一家淘宝店。
2. 能够按照商品发布的流程、快递模板的设置要求、商品发布的注意事项发布自己产品的信息。

【知识导图】

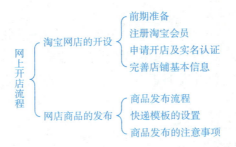

【案例导入】

1988年出生的晓雨,早在北京微淘网商联盟刚成立的时候就开了个网店,产品主要定位走甜美路线的青春时尚服饰。一年左右的时间,晓雨店里每天都能接到20宗左右的订单,两年多时间已经积攒了不少"老客户"。当年,读计算机专业的她还找到了一份在 IBM 的体面工作，但她心里始终放不下网店。她毅然辞职，全身心投入到网店经营中。这个小姑娘当上了老板，很快就请了一名员工，专门负责与买家在网上洽谈，提供咨询服务。晓雨的目标很明确，她抓住了淘宝初期开展促销活动的契机，使网店的业务量迅速提升，从两三个蓝钻突破并拥有皇冠地位，如今已经成为"四皇冠"的实力卖家，好评度保持在 99% 以上。

日前，晓雨的网店又开始扩招员工，她面试了近十名应聘者。如今该店的经营已步入正轨，如网店页面的设计和更新由专门的技术人员负责；原来由晓雨一手经办的进货等环节，已交由采购员专职负责。此次招聘是由于仓库扩大，需要增加人员管理。晓雨本人则主要参与营销、活动策划等。晓雨认为，网店涉及方方面面，但核心竞争力还是产品本身。随着行业的逐渐规范及商业化，若产品本身款式、质量等条件过硬，就不用担心卖不出去。

到现在，晓雨已经脱离了原来的货源，开始自己找人设计产品，找厂家定做，为了使自己的产品更有价值，她店里 80% 的产品都是特色商品，是专门设计好模板后交由厂家生产的。同时，她的天猫店铺也在筹划当中。她采用了公司的运营模式，设计、推广、客服、查件、售后、批发以及投诉等岗位都安排专人负责。

思考：随着网购的人越来越多，开网店以其准入门槛较低吸引了一批又一批的卖家，那你知道如何开一家自己的网店吗？

6.1 淘宝网店的开设

6.1.1 前期准备

（1）卖家必须年满 18 周岁并且有二代身份证（没有开过网店）。
（2）属于本人的一张开通了网银的银行储蓄卡（非信用卡，信用卡不能开店）。
（3）属于本人的一部手机并能够正常通话，注册淘宝、安装一些淘宝必要的辅助组件，用于接收验证码。
（4）电子版本人身份证正反面照片。
（5）电子版本人双手持身份证正面的上半身照片。

小贴士：
（1）免冠，建议不化妆，五官清晰可见。
（2）身份证全部信息须清晰无遮挡，否则认证将无法通过。
（3）完整露出手臂。
（4）请勿进行任何软件处理。

（5）支持 jpg/jpeg/bmp 格式，最大不超过 10M。

6.1.2 注册淘宝会员

进入淘宝网（www.taobao.com）首页后，单击左上角的"免费注册"按钮，如图 6-1 所示。在弹出的窗口中，仔细阅读《淘宝服务协议》《法律声明及隐私权政策》和《支付宝服务协议》并单击"同意协议"按钮，如图 6-2 所示。

图 6-1 淘宝网免费注册入口

图 6-2 淘宝网注册协议

第一步：设置登录名。

这一步可以利用手机号码设置，也可以利用电子邮箱设置，这里以利用手机设备为例进行介绍，在相应的对话框中填入手机号码并在"验证"框中按住滑块拖动到最右边，如图 6-3 所示，完成后单击"下一步"按钮。然后把手机中收到的校验码输入对应的对话框中，如图 6-4 所示，并单击"确定"按钮。

电子商务基础

图6-3　设置登录名

图6-4　输入校验码

第二步：填写账户信息。

在相应的对话框中填入登录密码信息并设置会员名，如图6-5所示，填写完成后单击"确定"按钮。

第三步：注册成功提示。

手机验证后会弹出注册成功提示框。

说明：

（1）淘宝会员名最好为中文或中文加数字或字母，淘宝会员名一旦注册就不能修改。

（2）淘宝会员名和支付宝一并注册成功，淘宝会员名就是你自己取的那个名字，支付宝账户就是你的手机号。支付宝的登录密码和淘宝会员的登录密码是一样的。

（3）注册的淘宝账号、手机号以及后面所填的身份证号、银行卡号等所有信息均为同一人的信息。

144

第 6 章 网上开店流程

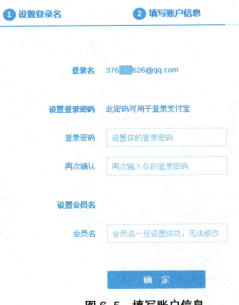

图 6-5 填写账户信息

6.1.3 申请开店及实名认证

1. 申请开店

如图 6-6 所示，在淘宝网首页的左上角单击"亲，请登录"按钮，在图 6-7 所示的界面中用淘宝会员名登录，并单击"卖家中心"选项，出现如图 6-8 所示的操作界面。

图 6-6 淘宝网免费登录入口

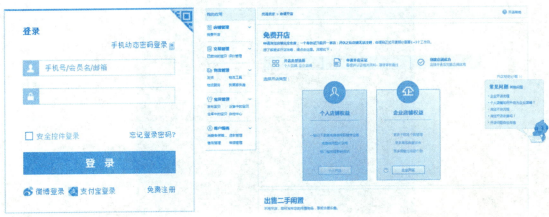

图 6-7 登录界面　　　　　　　图 6-8 卖家中心操作界面

145

在图 6-8 中单击"免费开店"中的"个人开店"按钮，弹出图 6-9 所示的免费开店界面。

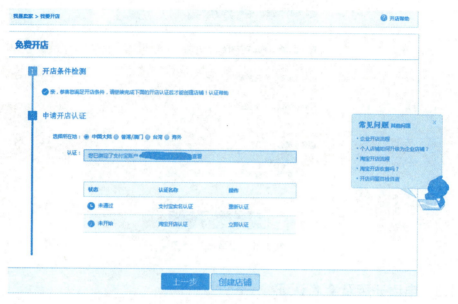

图 6-9　免费开店界面

2. 实名认证

实名认证包括支付宝认证和淘宝开店认证两部分。

（1）支付宝实名认证。

单击"支付宝实名认证"后面的"重新认证"按钮后弹出图 6-10 所示的进入支付宝账户界面。

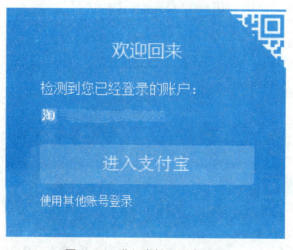

图 6-10　进入支付宝账户界面

第一步：设置身份信息。

单击图 6-10 中的"进入支付宝"按钮，进入图 6-11 所示的设置身份信息界面，在设置身份信息界面中根据提示填入相应内容，填写完成后单击"确定"按钮。

第二步：设置支付方式。

在图 6-12 所示的填写银行卡信息界面中根据提示填写相应的内容，填写完成后单击"同意协议并确定"按钮，出现图 6-13 所示的校验码信息界面，输入手机收到的校验码，单击"确认注册"按钮，出现图 6-14 所示的成功开通支付宝服务的界面。

第三步：支付宝实名认证。

图 6-11　设置身份信息界面　　　　图 6-12　填写银行卡信息界面

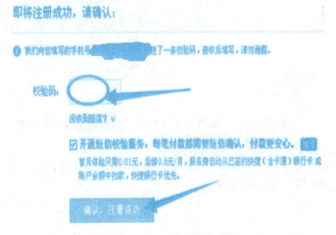

图 6-13　校验码信息界面

图 6-14 成功开通支付宝服务界面

返回"卖家中心"界面,单击"马上开店"按钮,在图 6-15 所示的界面中单击"继续认证"按钮,系统会弹出图 6-16 所示的支付宝个人实名认证界面,单击"申请支付宝个人实名认证"按钮,在弹出的图 6-17 所示的支付宝实名认证界面中单击"立即验证"按钮,在弹出的界面中输入姓名和身份证号,单击"下一步"按钮,弹出如图 6-18 所示的身份信息验证界面,仔细核对账户信息、身份信息并单击"下一步"按钮。

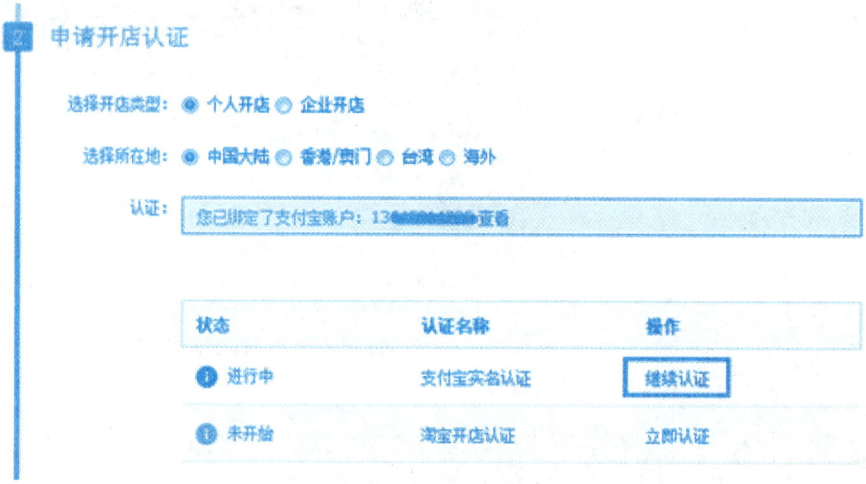

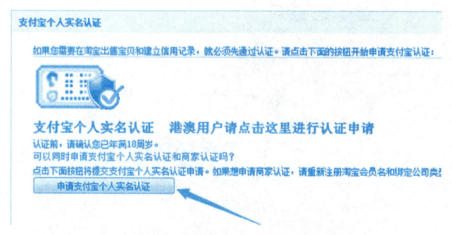

图 6-15 继续认证界面

图 6-16 单击"申请支付宝个人实名认证"按钮

第 6 章　网上开店流程

图 6-17　支付宝实名认证界面

图 6-18　验证身份信息界面

此时，你已经通过支付宝实名认证，单击图 6-19 所示的"立即升级认证"按钮，出现图 6-20 所示的界面，根据真实情况填写相关信息之后，单击"确认提交"按钮，弹出图 6-21 所示的界面，说明照片已经上传，等待淘宝后台的审核。

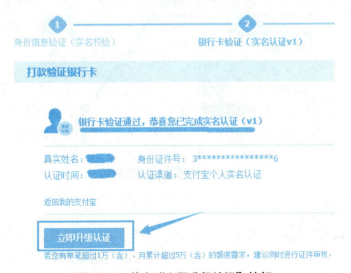

图 6-19　单击"立即升级认证"按钮

图 6-20 上传证件界面

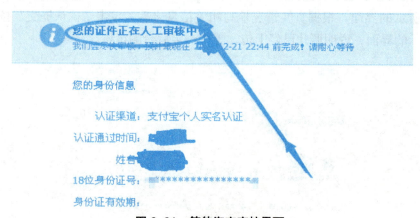

图 6-21 等待淘宝审核界面

（2）淘宝开店认证。

支付宝实名认证通过后，再次登录淘宝，同样单击"卖家中心—免费开店—开店认证"命令，如图 6-22 所示，单击淘宝开店认证界面的"立即认证"按钮，弹出图 6-23 所示的淘宝开店认证界面。

2 申请开店认证

选择开店类型： ⦿ 个人开店 ◯ 企业开店

选择所在地： ⦿ 中国大陆 ◯ 香港/澳门 ◯ 台湾 ◯ 海外

认证： 您已绑定了支付宝账户：13xxxxxxxxx 查看

状态	认证名称	操作
✓ 已通过	支付宝实名认证	查看
ⓘ 未开始	淘宝开店认证	立即认证

图 6-22　申请开店认证界面

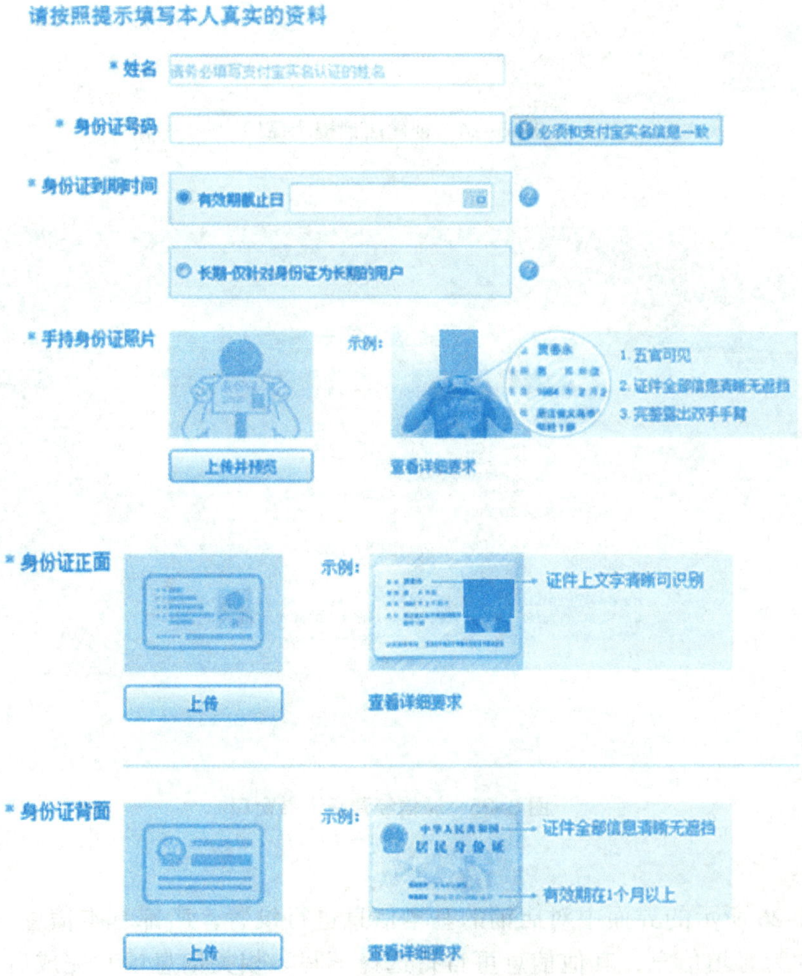

图 6-23　淘宝开店认证界面

根据系统页面的提示输入相关信息,并提交事先准备的照片,填好之后单击"提交"按钮。在1~2个工作日内等待淘宝官方审核通过,整个实名认证的过程完毕。

3. 店铺基本设置

完成实名认证后就可以在图6-24所示的窗口中单击"创建店铺"按钮,弹出图6-25所示的诚信经营承诺书窗口,单击"同意"按钮。

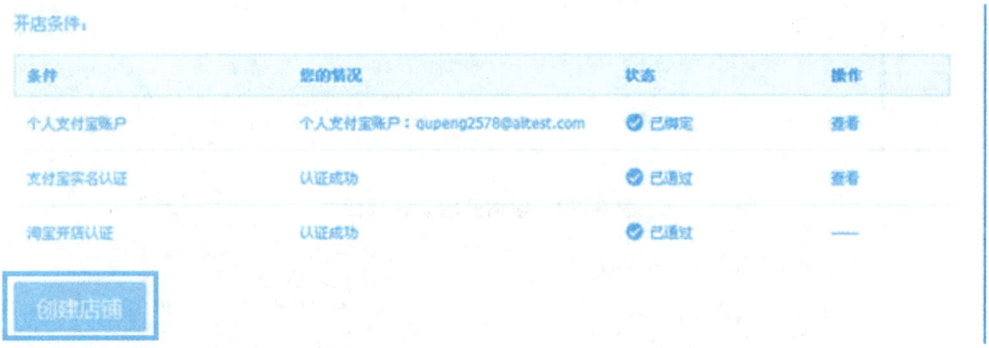

图6-24 创建店铺提示窗口

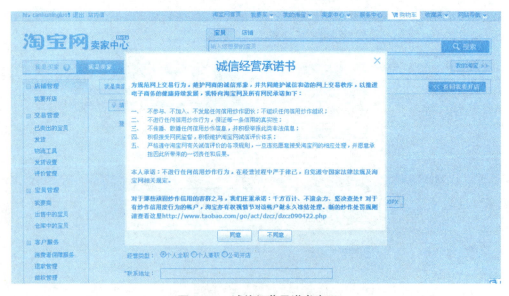

图6-25 诚信经营承诺书窗口

在图6-26所示的界面中对店铺的基本信息进行设置,店铺基本信息设置页面中带有*标志的为必填信息,其他信息可自行选择填写。相关信息填写完成后单击"保存"按钮。

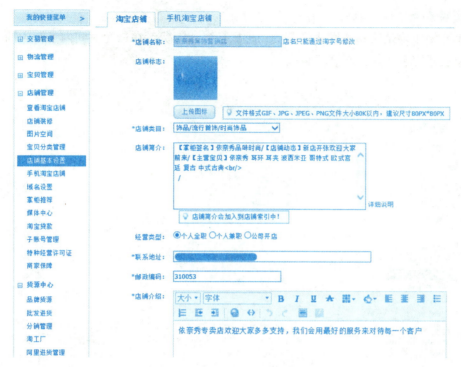

图 6-26　店铺基本信息设置界面

6.1.4　完善店铺基本信息

完成淘宝店铺的创建后,需要对店铺的基本信息进行完善,对店铺进行简单的装修,使之焕然一新。在淘宝网卖家中心界面中单击"店铺基本设置"选项,弹出图 6-27 所示的店铺基本信息设置界面,根据提示对相关内容进行设置,完善店铺的基本信息。

1. 修改店铺名称

好的店铺名称就是一个活招牌,它不仅能招揽生意,还能反映店主的修养、内涵、气质等。成功开店后可以根据自己的喜爱和经营的项目给自己的网店取一个好的名字。

2. 设置店标

店标的设置很重要,相当于一个品牌的 Logo,形象的店标可以让消费者快速记住网店。

上传的店标图像必须小于 80KB,格式可以为 jpg、gif、png 等,建议尺寸为 80px×80px。

3. 设置域名

成功开店后每个店铺都有自己的初始域名,如 http：//shop108276091.taobao.com/,因其千篇一律而相对比较难记,目前淘宝店主只要开通使用不同版本的旺铺都可以免费使用二级域名。二级域名后可以在浏览器地址栏直接显示,加强消费者对域名的记忆。

4. 写好店铺介绍

店铺介绍主要是店主对网店经营的一种概括，让消费者在最短时间内了解店铺。店铺基本信息设置完善后如图 6-27 所示。

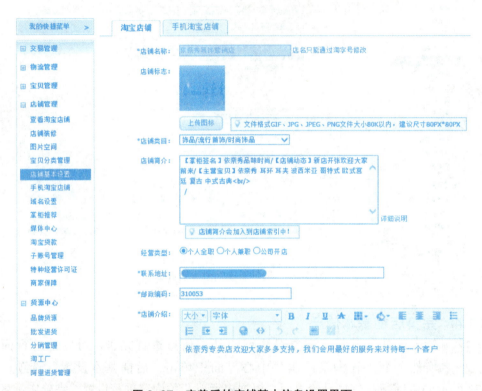

图 6-27　完善后的店铺基本信息设置界面

知识拓展

网上开店注意事项

开网店越来越难，要有新奇的创意才能脱颖而出，所以这里推荐五个词给想开网店的朋友："新款""奇特""质量""搭配""实惠"！从这五个方面入手并做透它你就成功了。

（1）"新款"。要想把网店开成功，新款肯定是少不了的。新款是流行元素，是明星宣传活动的焦点，是节日、重大活动中流行的各种类型的商品。网店新品需要分批、分时间铺货，要和网店营销活动紧密联系在一起。

（2）"奇特"，即个性，非一般的感觉。网购的很多人都是学生或年轻人，年轻人追求时尚个性，所以时尚、个性、活跃的元素是最重要的卖点，独特但又不失夸张，个性而又不缺乏稳重。

（3）"质量"。质量永远是吸引回头客的因素，对商品如实详尽地描述，让顾客第一时间充分了解产品，切不可夸大、欺骗、脱离实际质量。

（4）"搭配"。每一个顾客都有立体的连带的产品需求，所以搭配销售对销量的提升非常有帮助。要注重各部位服饰搭配，颜色、佩饰搭配，性格搭配，不同场景搭配等各种类型的搭配方式。

（5）"实惠"，即保证产品质量、款式、个性的同时物美价廉，这么好的商品谁会不买呢？

6.2 网店商品的发布

商品可以直接在淘宝网上进行编辑、上传与发布，也可以通过淘宝助理对商品进行快速的编辑、上传与发布，商品发布流程如图6-28所示。

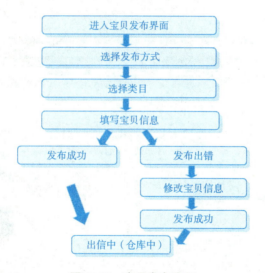

图 6-28 商品发布流程

商品分类就是淘宝网为卖家设计的专柜陈列区，合理的商品分类可以使商品更清晰有序，方便卖家和买家快速浏览与查找自己想要的商品。如果店铺发布的商品数量众多，那么合理的分类就显得尤为重要，将会大大方便买家有针对性地浏览和查询。

6.2.1 商品发布流程

第一步：登录淘宝网，在图6-29所示的淘宝卖家中心界面上单击"发布宝贝"，进入商品发布界面，如图6-30所示。

图6-29　淘宝网卖家中心界面

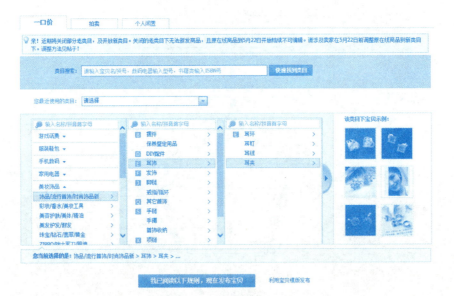

图6-30　商品发布界面

第二步：单击"一口价"菜单，选择商品类目，单击"我已阅读以下规则，现在发布宝贝"按钮。

第三步：填写宝贝基本信息。在图6-31所示的页面中根据提示填入相应的宝贝基本信息，如宝贝类型、宝贝属性、宝贝标题、宝贝卖点、宝贝价格、付款模式、宝贝规格、宝贝数量、宝贝图片、宝贝描述等。

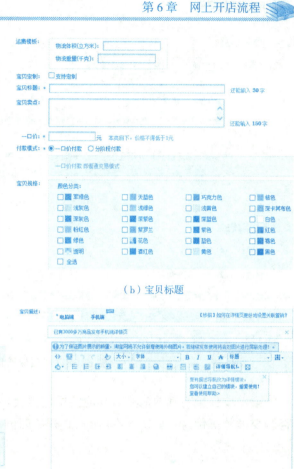

（a）宝贝属性　　　　　　　　　　　　（b）宝贝标题

（c）宝贝数量、宝贝图片　　　　　　　　（d）宝贝描述

图 6-31　宝贝基本信息填写界面

小贴士：

（1）带有"★"的项必须填写。

（2）图片上传可以选择本地上传，也可以将图片先放入图片空间，再从图片空间中上传。

（3）宝贝描述可以直接写入文本，也可以上传宝贝描述图片。

第四步：填写宝贝物流信息。在图 6-32 所示的界面中选择宝贝的物流信息，在选择宝贝物流信息之前可以先行设置运费模板。

第五步：填写售后保障信息。售后保障信息包含是否有发票、是否保修、退换货承诺、服务保障及售后说明等信息，如图 6-33 所示。

2. 宝贝物流信息

图 6-32　宝贝物流信息填写界面

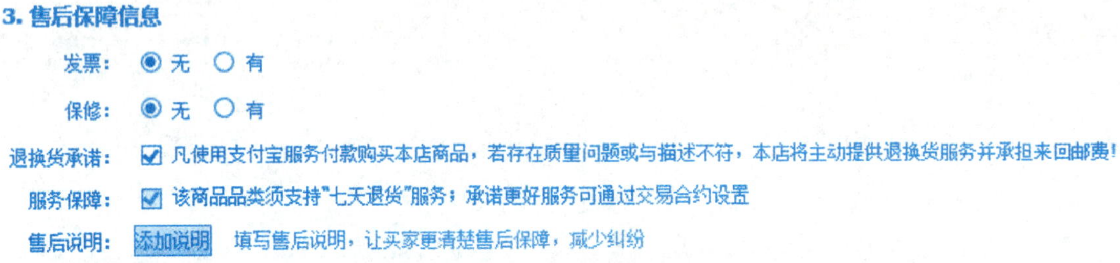

3. 售后保障信息

图 6-33　售后保障信息填写界面

第六步：填写其他信息。其他信息包含会员打折、库存计数、有效期、开始时间、是否橱窗推荐等信息，如图 6-34 所示。开始时间有立刻发布、定时发布及放入仓库暂时不发布三个选项。

图 6-34　其他信息填写界面

第七步：信息填写完成后单击"发布"按钮。

6.2.2　快递模板的设置

1. 地址库设置

登录淘宝网，在淘宝卖家中心界面的左侧单击"物流管理"—"物流工具"选项，进入物流管理界面,选择"地址库"选项,如图 6-35 所示。将相应的信息补全,单击"保存设置"按钮,就会在页面下方新增一条店铺地址信息。

图 6-35 地址库信息界面

小贴士:

(1)在该页面可以设置店铺的默认发货地址和退货地址,这两个地址可以是同一个,也可以是不同的。

(2)单击图 6-36 所示的界面上的"编辑"或"删除"选项可以修改已有的地址信息。

(3)不能删除默认的发货地址、退货地址或货到付款设置中的卖家发货地址,若确实要删除需先取消相应地址的默认选项。

图 6-36 默认发货和退货地址界面

2. 服务商设置

在物流管理菜单中,选择"服务商设置"选项,打开图 6-37 所示的界面,勾选相应的服务,单击"开通服务商"按钮,即可开通相应的服务。单击"开通电子面单"按钮,打开图 6-38 所示的界面,可以订购相应的服务,如"电子面单""保障速递""货到付款"和"指定快递"等。

图 6-37 服务商设置界面

图 6-38 订购物流服务界面

3. 运费模板设置

在物流管理菜单中，选择"运费模板设置"选项，打开图6-39所示的界面。单击"新增运费模板"按钮，打开图6-40所示的界面，根据实际情况填写模板名称、宝贝地址、发货时间、是否包邮、计价方式、运送方式等。设置快递、EMS和平邮可根据快递公司给出的价格表来填写不同地方的不同价格，也可以设置所有地区统一费用，还可以设置指定条件，如是否包邮等，完成后如图6-41所示，单击"保存并返回"按钮。

图6-39　运费模板设置

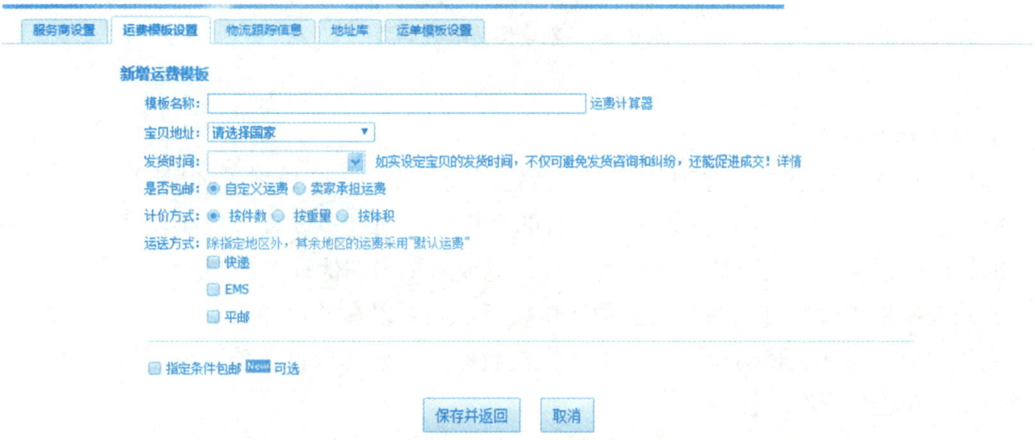

图6-40　新增运费模板界面

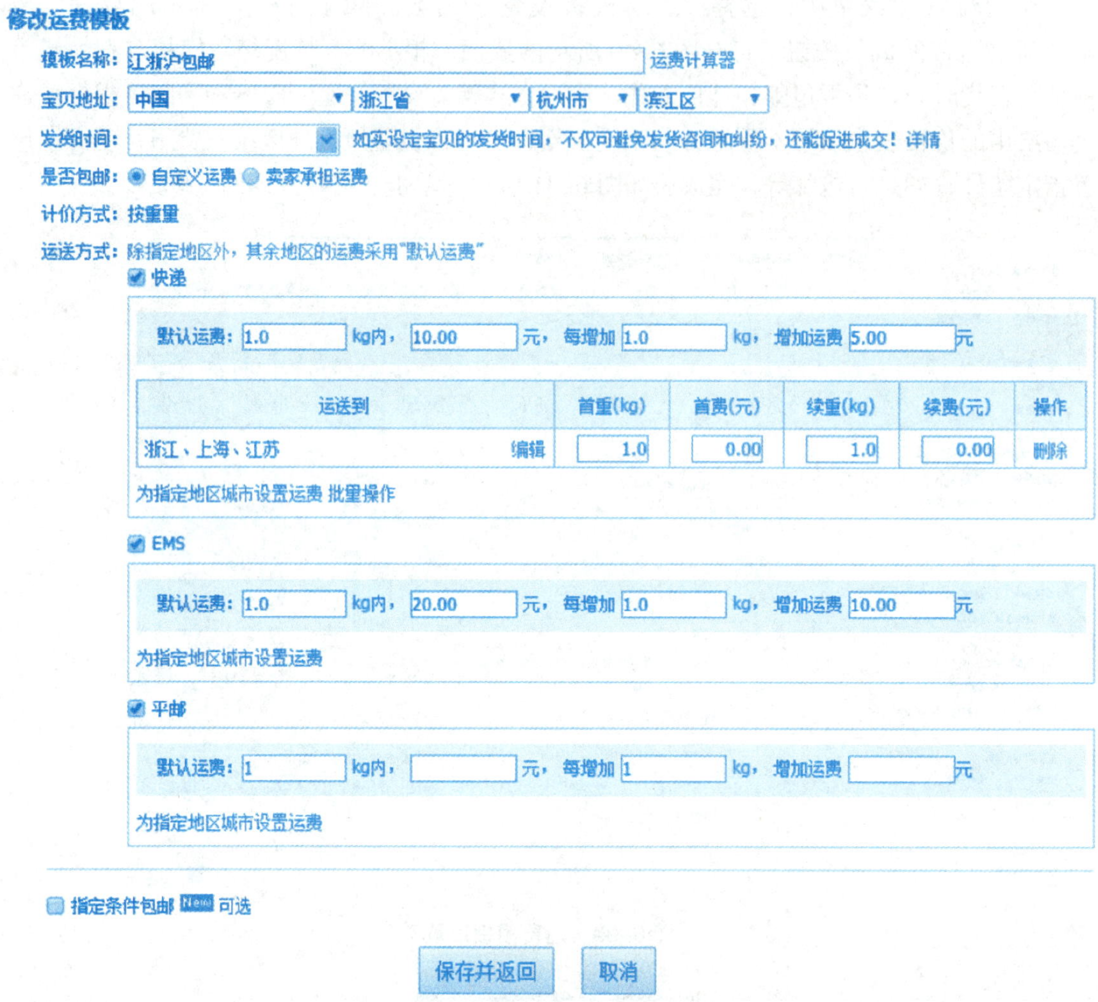

图 6-41 新增运费模板界面

4. 运单模板设置

选择"运单模板设置"选项,单击"新建模板"按钮,弹出图 6-42 所示的界面,在"选择模板"下拉列表框中选择系统中已有的模板,无须过多设置,只要在"打印偏移校正"的界面中根据实际情况适当调整就可以,完成后单击"保存"按钮。

若系统模板中没有合作的物流公司运单模板,则可以在"快递公司"下拉表表框中选择相应的物流公司,上传运单图片,输入模板名称,并且选择打印项,校正打印项位置后完成设置,单击"保存"按钮。

保存运单模板设置后,页面自动跳转至"运单模板列表",如图 6-43 所示,在该页面选择常用物流公司的运单模板,单击"设为默认"按钮,即完成设置。

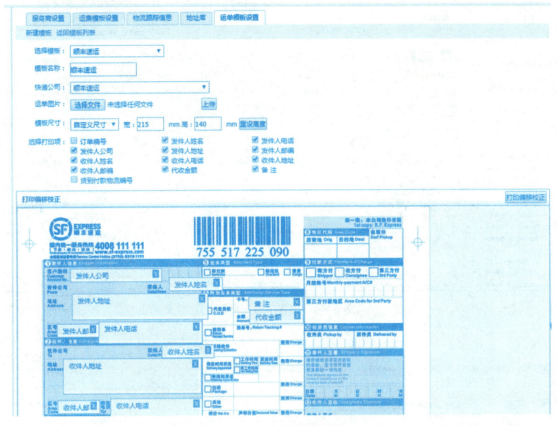

图 6-42　新建运单模板界面

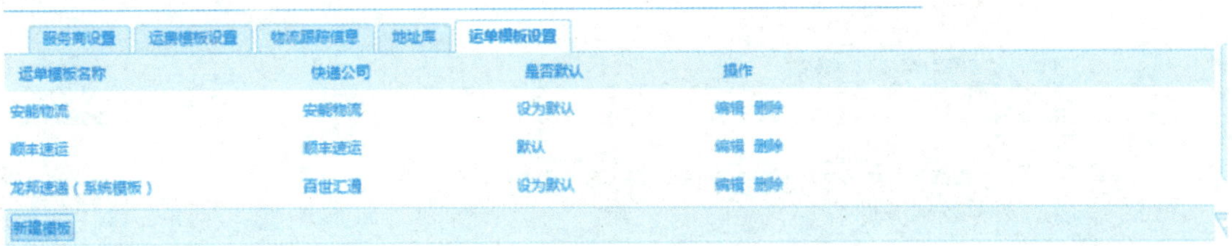

图 6-43　运单模板列表界面

5. 调用运单模板

第一步：选择出售中的宝贝，如图 6-44 所示。

第二步：勾选宝贝，然后选择"设置运费"选项来调用刚才设置好的模板，如图 6-45 所示。

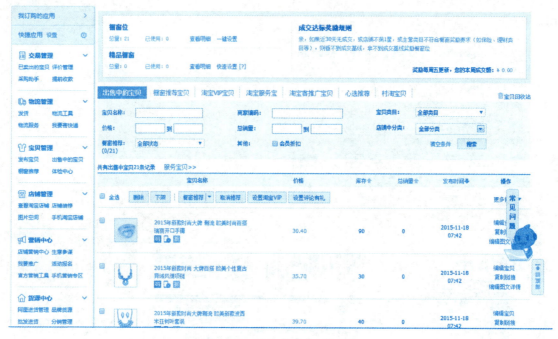

图 6-44　出售中的宝贝界面

图 6-45　勾选宝贝设置运费

第三步：单击"应用该模板"选项，应用刚才设置好的模板，如图 6-46 所示。

小贴士：

（1）模板名称：卖家可自己输入模板的名字，用于区分不同设置的运费模板。

（2）宝贝地址：商品的所在地，搜索页面宝贝所在地的展示地址。

（3）发货时间：从商品被拍下并付款之时算起，卖家承诺多少时间内发货。

图 6-46 应用运费模板

（4）是否包邮：商品是否由卖家承担运费，包邮的商品即显示为图 6-47 所示的"快递：免运费"。

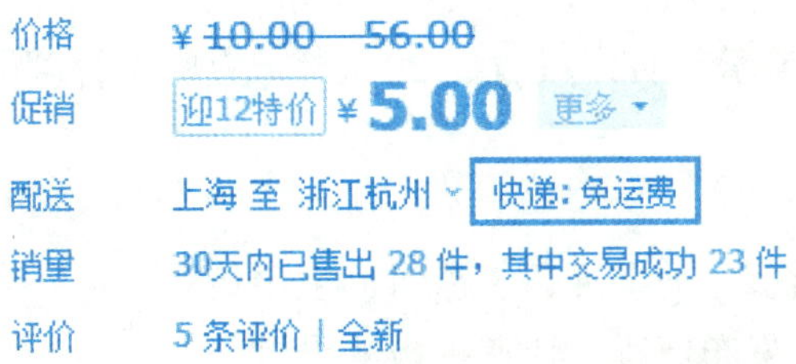

图 6-47 快递：免运费

（5）计价方式：商品运费的计算方式分为按件数、重量、体积进行计算。如商品按重量或体积进行计算，需要在商品的发布页面将运费模板属性中的重量或体积信息填写完整，如图 6-48 所示。

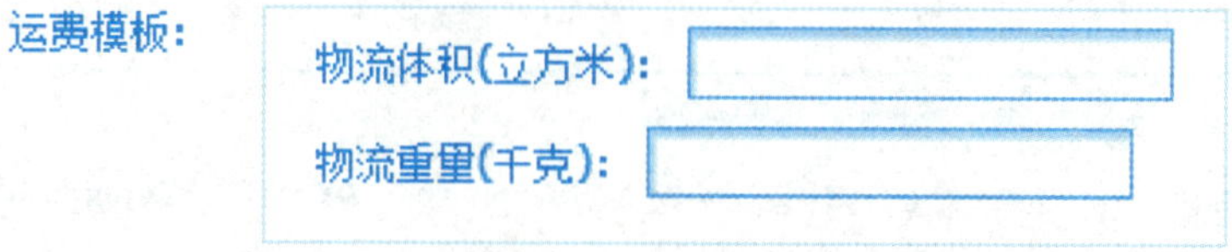

运费模板：
物流体积(立方米)：
物流重量(千克)：

图 6-48　运费模板属性界面

6.2.3　商品发布的注意事项

发布商品的时候，如果违反淘宝发布商品规则，那么商品有可能被扣分，严重的还有可能被下架，会造成不必要的损失。

1. 商品类目选择要正确

选择正确的商品类目，避免违规发布。如果怕发布错误，可以通过"类目搜索"找到正确的商品类目。

2. 商品属性要与商品相匹配

商品属性的各个要素一定要与商品相匹配，避免属性错误导致商品发布违规。

3. 商品标题要优化

商品标题既要充分利用30个字的空间，又要与商品的图片、属性等描述一致，并注意可阅读性。

4. 商品数量要正确

商品的数量要根据真实库存如实填写，并及时按规定时间发货，避免因库存导致发货纠纷。

5. 商品描述要真实

商品描述要真实合理，要与宝贝本身相符合，宝贝图片尽可能自己拍摄，避免盗用他人图片而产生纠纷。

6. 商品物流信息要合理

商品运费设置要合理，如上海发往浙江、江苏或者上海本市，运费基本都是6元起，超过1千克的以2元/千克算，如果设置成20元/千克就不合理了。

知识回顾

（1）淘宝网开店的流程：前期准备、注册淘宝会员、申请开店及实名认证。

（2）商品发布：包括发布流程、快递模板的设置。

（3）商品发布的注意事项：从商品类目选择、商品属性、商品标题、商品数量、商品描述、商品物理信息六个方面来介绍。

课后练习

1. 开设淘宝网店前期需要做哪些准备工作？
2. 如何注册淘宝会员？
3. 网店商品的发布流程是怎样的？

拓展阅读

开网店如何寻找货源，渠道有哪些

随着电商的普及度越来越高，入淘者的数量也越来越多，而对于很多新手而言，开网店如何寻找货源，寻找货源的渠道有哪些是个很棘手的问题。下面介绍几种常用的货源的渠道。

一、身边的资源

开淘宝店寻找资源最好先从身边开始找起，说不定你的某个亲朋好友家里就是开工厂的，只要问一下，一般情况下都可以找到一些优质的货源；或者检查一下自己是否具备某些可以自产自销的条件，如自己如果在做手工艺品方面比较擅长，可以在淘宝店中销售一些自己制作的手工艺品。

二、多逛批发市场和集市

要多逛周围的批发市场，尤其是多逛周边最大的商场和本市最大的批发市场。去商场主要是了解现在主流产品的风格、价格和人们的喜好，一旦了解和掌握了这些基本情况，就可以前去批发市场看货物了。第一次去不要着急进货，而是多看多问，至少询问5家以上同类型的店铺，多对比价格、质量以及款式，多逛多问、比较核实，这样才能保证有好的货源。

三、把握潮流风向标

对当下市场潮流趋势一定要有敏感的神经，这样才能及时把握潮流的风向标，接着尽快联系货源。建议遇到比较新鲜的货源时，先在淘宝找到一家做得比较大的（不要找做得最好的），做它的二级代理。可能你对于厂商来说是三级代理或四级代理，但是对于新手来说只要有利润就没问题，磨刀不误砍柴工，先不急于挣钱，积累经验最重要，差不多了解这个行业的基本行情后就可以自己联系厂家了。

四、无货源店铺

无货源店铺模式简单点说就是没有货源，只需要利用软件采集淘宝上的爆款商品，合理加价后，上传到店铺中销售，有人下单后，再去采集的店铺拍单，填入买家地址，让它直接替我们发货，其中的差价和佣金就是我们的利润。无货源店铺不需要自己有商品，也不需自己发货，方便打理，兼职全职都可以。

五、货源网站

货源网站算是现在比较热门的货源渠道。货源网站集中了大量来自线下批发市场或者厂商的货源,由一手的货源供应商直接向网店卖家发货,拿货成本低廉,质量优良,也得到了不少中小网店卖家的青睐。这些货源网站不仅提供的货源款式众多,而且服务也相当周到,不仅支持一件代发、免费包邮,还可以享受退换货的服务,充分保障了中小网店卖家的货源权益。

淘宝新手们无论想通过哪种渠道拿货,都一定要根据自己店铺的实际情况合理地布局。除了货源之外,卖家们还要做好店铺的各种投入预算等,只有提前做好各方面的工作,才能够实现店铺盈利的目的。

网店日常管理

网店的日常管理是一项重要而重复的工作,每天需要对网店的运营情况进行监控,及时消除网店的各种隐患。除此之外每天还需要回复各种咨询与留言,及时完成交易评价,调整商品的价格与相关信息,及时上架新品等;对完成的交易还需要对客户进行回访,提高消费者的忠诚度。

【知识目标】

1. 掌握商品建档、商品分类管理的方法。
2. 掌握订单管理、评价管理、纠纷管理的方法。
3. 了解常用的管理工具,如淘宝助理、千牛卖家工作台。

【技能目标】

1. 能够根据商品建档、商品分类管理的方法进行商品管理。
2. 能够对订单、评价及纠纷等交易过程进行管理。
3. 会使用常用的管理工具,如淘宝助理、千牛卖家工作台。

【知识导图】

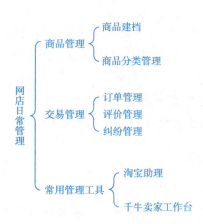

案例导入

百草味:一颗坚果如何成长为新零售"大IP"

在休闲食品电商界,百草味属"三大诸侯"之一。自2010年,百草味从传统企业转型为电商,全面入驻天猫、京东等主流电商平台后,转型的百草味发展迅速,4年时间销售额增长43.7倍;7年时间,年销售额增长超过40亿元,增长逾170倍。

而百倍多的惊人增长背后是百草味的不断转型:从食品加工、生产、研发到后端的贸易、仓储、物流,再到深入产业前端,与供应商构建利益共同体,成立食品研究院,以实现从"流量思维"到"产品思维"的跨越,而整个品牌势能的崛起,则将其塑造成未来销售的核心驱动。

一、砍掉线下专攻线上　专攻产业深度广度

2011年,百草味干了一件大事,大刀阔斧地砍掉160余家百草味线下店铺,积极转型线上。这家2003年在杭州大学城开出第一家线下店的零食铺子,正式转型为休闲食品电商。

时至今日,百草味当年的决定依旧能让人感受到破釜沉舟的勇气。而百草味联合创始人王镜钥却说,这只是顺势而为。而这四个字有两层意思:一是预判时代的大趋势,提前布局;二是植根于自己的优势与自己的产业做深度和广度。

王镜钥说,当时团队的管理能力完全无法支撑庞大的线下加盟网络,恰逢电子商务大举袭来,服装类目的淘品牌如韩都衣舍,当年已经获得IDG(美国国际数据集团)近千万美元的投资,而食品这个类目在网上还是"处女地",并没有被开垦。

"归根结底还是时势让我做了这个决定。每一次风口,我和我的团队一直在强调一个观点,如果你要在飓风中起舞,那你需要先站在风眼里。"面对之后的销售业绩一路上扬时她说。

王镜钥说:"我们始终坚持的是为更多的人提供健康放心的食品。"她举例,针对食品行业的研发、供应链、物流链建设领先行业,如斥资4亿元建造了占地10万平方米的百草味临江总部基地,该基地集研发、生产、品控、物流于一体,是世界领先的综合性智能化基地,标志着百草味深入打通食品全链路。另外,与江南大学食品学院达成合作,成立"百草味江南大学食品联合研究室",和各大机构、高校接洽,组建专家顾问团队。

自此,移动互联网时代,百草味的品牌定位从"趣味零食探索家"再次升级,全面提升产品质量和服务水平。"从'货—场—人'转向'人—货—场',用大数据打通'泛用户'和'精准粉丝'之间的壁垒。百草味始终不变的是'以用户为中心,以产品为基础,以品牌为驱动'的运营原则;变化的是多变的打法和与时俱进,修炼内

功。这些变与不变让我们更具信心和勇气大步迈进新时代。"王镜钥这样说。

二、市场逐渐细分　迎来影视剧霸屏元年

从2016年开始，百草味迎来了自己的"霸屏元年"。其中《微微一笑很倾城》《三生三世十里桃花》《择天记》《我的前半生》都是播放量上百亿的年度热播剧，这为百草味带来了极高的关注和流量。

在《我的前半生》中植入的品牌，大大小小总共有17个，但在剧目热播热议之后，被消费者记住的却没几个。相反，休闲食品品牌百草味在《我的前半生》中的植入可以说是让很多人对百草味这个品牌有了更多的认识。

在《三生三世十里桃花》热播期间，百草味同步推出与内容结合度颇高的"糯米团子"，引起了追剧迷的强烈兴趣。而这种将热点与内容结合推出衍生品的方式改变了单一的传播路径，进而让一部分流量直接转化为购买力。一时间，百草味成为众人眼中的营销赢家。

事实上，经过几年的摸索，王镜钥带领的百草味营销团队，现在已经形成了影视剧植入方面的方法论，有了自己的一套理论体系和实践体系。"行业内非常好奇我们挑剧的秘诀，在植入方面，百草味有自己的一套'葵花宝典'，比如内容选择上遵循'四三三'法则，即故事内容占据40%的权重，影视主创团队占据30%的权重，影视商务营销占据30%的权重。"

如今，休闲零食品类繁多，随着消费升级和80后、90后逐渐成为主导消费人群，消费者的需求也逐渐多元化、极致化，针对这些变化的需求，市场也逐渐走向细分化。

王镜钥认为，就目前来看，休闲零食呈现出下一趋势：健康化、代餐化以及特产零食逐渐备受欢迎。细分来看，糕点、膨化、糖果、豆干、乳制品和巧克力等领域增长空间比较大，坚果市场规模大，肉类零食、果干、蔬菜干等受欢迎程度较大，增量空间也比较大。但总体来讲，在消费升级的催生下，整个零食市场在口味类型上逐渐泛化创新，在制作工艺上也追求健康生态，在产品营销上逐渐内容化、娱乐化。

据了解，百草味的品类涵盖了坚果、果干、肉、糕点、饼干、膨化食品等类目，目前sku（库存量单位）已经达到400余个，用户数量4000余万，每个月客服团队需要处理大概4.2万条评论。而包括王镜钥在内的公司高管团队以及产品相关部门有一项非常重要的工作就是读用户评论。用户对新产品有什么反应，哪些产品差评最多，如口感、质量、品控、物流等多维度的反馈意见都将被抓取，针对监测到的用户的投诉实时进行产品改善。

2016年，百草味已经对24款评价较弱的上市产品进行包装、口味等方面的改善。以猪肉脯为例，百草味在推出后发现客户对于猪肉脯上含有竹签异物的投诉较多。猪肉脯来自靖江，食材品质在业界无法挑剔，但是由于供应商食材加工工艺的限制，行业内的猪肉脯竹签异物存在率普遍在5%左右。百草味的研发团队和供应商重新开发工艺，经过上万次的试验，把猪肉脯竹签异物存在率控制在2%以下再重新上线，这也是

对整个行业技术的革新，行业内的猪肉脯厂商纷纷效仿。

三、做线下店的"后来者"，新模式探索新零售

2020年，百草味给自己定的业绩目标是100亿元，也就是说三年内要完成60亿元的增量。

除此之外，在阿里巴巴数据排行榜上，百草味成为"受最多国家消费者欢迎的品牌TOP9"，在全球100大糖果零食公司的排名榜单上，百草味与玛氏、亿滋、费列罗、日本明治等巨头一齐上榜。

如果从公司目前的体量来看，王镜钥认为这个目标有理想主义的成分，但绝非好高骛远。除了开始线上线下两条腿走路，最关键的一点还是产品为王，做休闲食品电商，最终用户会用嘴巴投票。

从互联网时代到移动互联网时代，再到新零售时代，线上线下相爱相杀。而百草味8年前砍掉线下，船小好掉头，如今又做了一个决定，重新去开自己的线下店，因为经过8年发展，百草味已经成了一条能顶浪的大船。

"很多人会疑惑，为什么以前要砍掉，现在却重新来做，这是不是无用功或者多余。其实阶段完全不一样，现在我们重新去做线下，可以输出一个标准，甚至引领一个模式。"王镜钥说，今时不同往日，如今的百草味有团队、有资金、有商品、有供应链、有整个产业链去支撑新零售方面的探索。

作为新零售模块的负责人，王镜钥并不想简单地铺货开店，也没有一年开100家的野心。问她百草味线下店会和现有的其他休闲食品品牌线下店有区别吗？她笃定又从容地回答道："当然！不然这就不是一个后来者的姿态！我觉得后来者的姿态就是创新，后来者不应该跟随。"在王镜钥的设想中，百草味重开的线下店一定要有用户思维，是一个可以展现用户对零食追求的场合，成为像盒马一样开到家门口、让用户有喜悦感的"新物种"。

"商业永远没有尽头，你若不跟上步伐，你就可能成为出局者，所以百草味现在能做的事情就是往前冲，当然还得有方法、有战略，要知道怎样才能最大化地往前冲。"王镜钥说，"百草味也怀着雄心出发，为向世界输出中国食品品牌而努力。"

思考：你如何看待百草味的成功？你觉得应如何进行网店日常管理？

7.1　商品管理

不同类目的商品具有不同的特性，了解网店经营商品的属性，对商品进行有条理的管理是网店良性发展的前提条件。

7.1.1 商品建档

商品档案包括商品编码、商品标题、商品图片、商品价格、商品描述等指标，见表 7-1。商品价格主要根据商品的成本、盈利目标及同类商品的网上售价而确定，这里择要介绍。

表 7-1 商品档案表样例

商品编码	商品图片	商品规格	商品名称	外箱详情	颜色	彩盒规格	材质	售价（元）	库存（个）
YF1004		100cm×92cm	欧美时尚创意相框 相片墙 客厅欧式挂墙组合相框墙 长方形现代简约	有外彩盒，2个一外箱	仿古色	65cm×14cm×41.5cm	HIPS	138	1000
YF1005		109cm×118cm	七彩树 欧美简约风相片墙照片框组合相框 照片墙创意婚庆乔迁礼物	有外彩盒，3个一外箱	仿古黑	60cm×14cm×32cm	HIPS	188	1000
YF1006		103cm×123cm	欧美创意时尚简约室内家居工艺品饰品摆伴相框 挂墙组合照片墙画	有外彩盒，3个一外箱	仿古黑	50cm×17.5cm×34cm	HIPS	100	1000
YF1007		155cm×66cm	时尚创意相片墙 客厅欧式挂墙组合相框墙 长方形款现代简约乔迁礼物	有外彩盒，3个一外箱	仿古黑	67.5cm×16cm×35cm	HIPS	188	1000

1. 商品编码

商品的交易会经过商品上架、交易和发货等流程，需要通过几个岗位的共同合作才能完成一次交易，如果用商品的标题去识别一件商品很容易搞错，而且也会影响工作效率，因此对商品进行科学合理的编码非常有必要。例如，某网店的商品编号规则为品牌用 1 位数字表示，品类用 1 位数字表示，颜色用 2 位数字表示，尺码用 2 位数字表示，商品号用 2 位数字表示，那么某件商品的编码可以用 8 位数字表示，如"12161203"。

在对商品进行编码时要遵循以下几个原则。

（1）唯一性。

唯一性是商品编码的最低要求。在确定编码规则时把主要的商品属性放入规则中即可，不宜放入过多的商品属性，否则会导致一个商品的编码过长，编码短有助于编码的记忆与员工之间的沟通，一般商品的编码长度为6~8位，有需要时可以在编码前面加入英文字母。

（2）不可变性。

一个商品的编码一旦确定就不可以删除、不可以修改，也不可以重复，否则会使后台操作混乱，同时编码要体现出商品的最小分类。

（3）可扩展性。

商品的编码虽然具有不可变性，但是随着经营规模的扩大与经营品类的增加，商品的编码要具有可扩展性，但商品编码扩展的时候必须兼容原来的编码。例如，原来经营的商品只有不到10个颜色，因此为了让编码尽可能短，就用1位数字表示颜色这个属性，如果颜色增加到10个以上，此时商品的编码可以加长一位，用2位数字表示商品的颜色，可以在原来的颜色编码前加数字0，也就是说把代表颜色的数字0~9扩展成00~99。

知识拓展

商品编码管理

商品编码管理是指商品条码系统成员在已获得厂商识别代码的基础上正确地给具体商品项目进行编码，以及对已编码的商品做好原始记录和档案，防止出现编码错误的工作过程，其基本要求就是保证商品编码的唯一性。要遵循唯一性原则，关键是要严格区分商品的不同项目，主要应从商品的种类、规格、包装、颜色等几个方面来考虑。系统成员应当指定专人负责商品编码的统一管理。要加强对条码管理人员的业务知识培训，积极参加条码管理机构组织的培训班；要建立有关条码工作的规章制度，完善商品编码的原始记录和工作档案，以便于对编码的唯一性进行检查；还要做好条码管理人员变动时有关资料的移交工作，以保持工作的连续性。在编码管理的具体操作上，一般适宜采用"大流水"的编码方式，这样能够最大限度地体现编码的唯一性原则和无含义原则，减少编码出错的机会。

2. 商品标题

消费者在购买商品时一般会通过搜索关键词找到相应的商品，而搜索关键词与商品的标题密切相关，因此商品标题中应尽可能包含消费者习惯搜索的关键词。以淘宝网为例，商品标题的容量是30个汉字（60个字符），它承载着被搜索与叫卖两大功能。商品标题的确定一般经过找词、选词与组词三个步骤。

（1）找词。

关键词查找有多种渠道，下面介绍几种常用渠道供大家参考：

①生意参谋。生意参谋的选词助手中提供了行业相关搜索关键词,并且呈现了各关键词的全网搜索热度与搜索热度变化、全网点击率、全网商品数以及直通车平均点击单价,同时呈现了推荐关键词与行业关键词排名,如图 7-1、图 7-2、图 7-3 所示。

搜索词	全网搜索热度	全网搜索热度变化	全网点击率	全网商品数	直通车平均点击单价	操作
欧式客厅灯	436	↑42.95%	368.57%	536,977	9.06	☆收藏
欧式客厅沙发	188	↑33.33%	172.34%	183,208	4.36	☆收藏
欧式	2,383	↑37.35%	228.96%	4,772,665	3.63	☆收藏
美式相片墙	5	—0%	360%	7,757	1.75	☆收藏
地中海相片墙	26	↑225%	169.23%	38,355	1.74	☆收藏

图 7-1　生意参谋关键词分析

推荐：照片墙 ｜ 照片墙 ｜ 客厅大墙面… ｜ 相片墙 ｜ 照片墙 相…

图 7-2　推荐关键词

搜索词	全网搜索热度	全网点击率	全网商品数	全网转化率	商城点击占比	操作
照片墙	18,880	219.73%	436,304	21.58%	78.31%	相关词分析>>
照片墙 组合 创意	3,969	235.13%	109,312	23.18%	98.93%	相关词分析>>
相片墙	3,709	288.74%	265,558	22.60%	65.04%	相关词分析>>
照片墙 相框墙	3,411	243.36%	348,415	17.69%	63.42%	相关词分析>>
相框组合照片墙	2,888	173.86%	8,355	19.33%	97.63%	相关词分析>>
照片墙相框墙客厅	2,437	232.14%	89,544	24.37%	98.78%	相关词分析>>
照片墙 双11全球狂欢节	2,086	314.15%	1,621	24.75%	99.76%	相关词分析>>
相框墙	1,946	234.80%	451,286	23.65%	74.91%	相关词分析>>
相框 创意 挂墙	1,929	208.28%	155,839	20.45%	66.26%	相关词分析>>
照片墙相框	1,673	216.32%	375,554	18.99%	87.71%	相关词分析>>

图 7-3　行业关键词排名

②搜索栏下拉列表框。在搜索栏中输入某一关键词的时候，下拉列表框中会出现相应的其他搜索关键词以及与该关键词相关的长尾词，如图7-4所示。

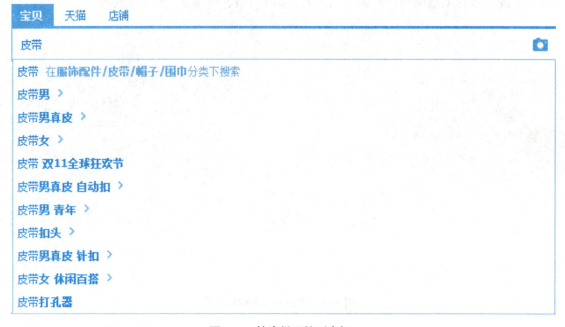

图7-4　搜索栏下拉列表框

③类目关键词。在淘宝网首页的类目栏内会出现与该类目相关的关键词，如图7-5所示。

图7-5　类目关键词

④直通车。在设置直通车的时候会呈现相关的关键词列表，并且会呈现出每个关键词的相关性、展现指数、竞争指数、点击率与点击转化率的相关指标，如图7-6所示。

（2）选词。

相关的关键词找到后，哪些关键词适合放到商品标题中呢？商品标题的字符数有限，因此要对关键词进行筛选，将有效关键词放入商品标题。选择有效关键词一般要把握以下原则：

词包：均衡包 流量包 转化包 移动包 类目包

关键词	相关性	展现指数	市场平均出价	竞争指数	点击率	点击转化率
<< 照片墙 热 猜		731910	2.02元	1698	2.06%	5.35%
<< 家居饰品照片墙 热 猜		6901	1.40元	407	0.70%	1.72%
<< 创意家居 热		198839	1.13元	2483	1.58%	1.55%
<< 家居 热		412238	1.83元	3616	0.60%	1.30%
<< 挂墙相框 热		273542	1.28元	1387	2.60%	10.70%
<< 家居饰品 热		385735	2.34元	3369	0.52%	4.29%
<< 相框相框 热		3956	1.32元	408	1.64%	2.59%
<< 照片墙 相框墙 热		147384	2.06元	841	2.55%	4.89%
<< 相片墙 热		46157	1.71元	528	1.98%	6.91%
<< 照片墙相片 热 猜		1825	1.59元	106	1.45%	6.45%

图 7–6　直通车关键词表

①相关性。选择的关键词要与商品相关，这样可以提高流量的精准性。

②三高一低。搜索热度高、点击率高、点击转化率高以及竞争指数低。

（3）组词。

商品的标题就是由这些选择出来的关键词按一定的方式组合而形成的。关键词可分为属性关键词、促销关键词、品牌关键词和评价关键词，这些关键词有以下几种常见的排列形式：

①促销关键词 + 属性关键词。

②品牌关键词 + 属性关键词。

③评价关键词 + 属性关键词。

④促销关键词 + 品牌关键词 + 属性关键词。

⑤品牌关键词 + 评价关键词 + 属性关键词。

⑥评价关键词 + 促销关键词 + 属性关键词。

不管关键词如何组合，属性关键词必须包含在里面。一个好的标题需要阐明商品的基本特征，标明商品的卖点与优势。

3. 商品描述

商品描述是影响转化率的一个重要因素，同时，商品描述得仔细与详尽也可以节省客服的工作量。

在进行商品描述时注意以下几个方面的问题：

（1）商品信息要描述得详细与全面。

（2）要从顾客的角度去进行商品描述。

（3）商品描述要有一定的逻辑性并且条理清晰。
（4）商品描述一定要精美并且直观。

商品描述的内容一般有规格、颜色、材质、细节、产地、性能等，也包括场景、适合人群、真假辨识、生产厂家、售后服务、支付方式等，一些特殊的商品还可以包括安装说明、保养说明、使用注意事项等。

7.1.2 商品分类管理

你认为如何进行商品分类？

1. 商品分类方法

一个网店往往会发布很多商品，如果不对商品进行分类会使买家很难找到想买的商品，而且并不是所有的买家都愿意把店铺中的所有宝贝一一看完，因此设置好商品分类可以使买家迅速找到自己想要购买的商品。商品分类也起到了推荐的作用，很多买家都是被某件宝贝吸引而进入店铺的，但并不是每个买家都想购买这件宝贝。如果一个店铺在宝贝详情页面同时展示了商品分类，那么买家很可能会对其他类目的商品感兴趣而促成对其他商品的购买。

为了让买家快速地找到满意的商品，一般情况下有如下一些分类标准：按商品的用途分类、按商品的品牌分类、按商品的风格分类、按商品的价格分类、按商品的上新时间分类、按商品的功能分类……

商品的分类没有一个统一的标准，通常情况是从商品的特性与买家的需求出发进行分类，也可以对商品进行多维度交叉分类，图7-7列举了两个网店的商品分类。在进行商品分类时要充分考虑产品属性和受众的浏览习惯，新品和特价分类尽量靠前，商品分类不是越多越好，分类的基本要求是清晰明了，同时也不要出现无宝贝的分类。

图7-7 商品分类实例

2. 商品分类设置

第一步：在淘宝网"卖家中心"界面的"店铺管理"中单击"宝贝分类管理"，弹出图 7-8 所示的商品管理操作界面，可以在这里对商品进行手工分类，也可以进行自动分类，一般采用手工分类。

图 7-8　商品管理操作界面

第二步：单击"添加手工分类"按钮，弹出图 7-9 所示的商品手工分类操作界面，可以在这里逐个添加商品的分类目录与分类子目录。

图 7-9　商品手工分类操作界面

第三步：目录添加完成后单击页面右上角的"保存更改"按钮，此时在网店首页导航栏上的"所有分类"菜单中就会显示所有的分类目录。

第四步：在淘宝网"卖家中心"界面的"宝贝管理"中单击"出售中的宝贝"或"仓库中的宝贝"菜单，弹出图 7-10 所示的商品列表页面。

第五步：勾选需要分类商品前面的复选框，单击商品右边的"编辑宝贝"超链接，弹出图 7-11 所示的宝贝信息编辑界面。

电子商务基础

图 7-10　商品列表页面

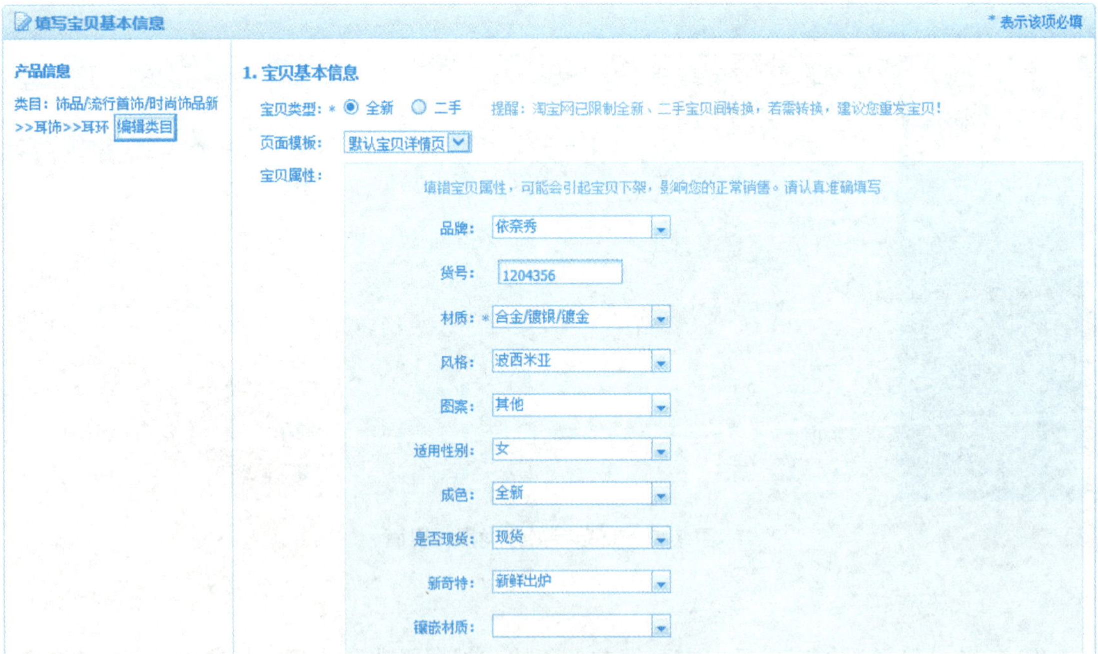

图 7-11　宝贝信息编辑界面

第六步：在图 7-12 所示的店铺中所属的类目中勾选所属分类。

第七步：单击"确认"按钮，完成商品分类设置。

一个商品可以归属于一个分类，也可以同时归属于多个分类。

图 7-12　店铺中所属类目显示界面

7.2　交易管理

7.2.1　订单管理

1. 等待买家付款

买家一旦出现成功交易状态就会显示"等待买家付款",此时有可能会遇到两种情况。

(1) 关闭交易:因为卖家缺货或买家原因等使交易无法继续完成,此时需要做关闭交易的操作。

(2) 修改价格:交易双方经过协商对新的售价达成一致,就需要在买家支付货款前修改成交价格。

2. 买家已付款

在买家支付货款成功的时候订单会显示"买家已付款",此时卖家需要与买家核实订单的内容与收货地址,并把需要备注的信息及时添加到该笔交易的备忘录里,提醒发货时要特别注意。

3. 卖家已发货

买家已付款的订单需要及时发货,选择对应的物流公司,填入该笔交易的物流单号,及时将订单状态修改为"卖家已发货",因为只有这个状态的订单买家才能进行确认收货操作。

4. 交易成功

买家收到商品以后,经核查无误就会确认收货,同意支付宝放款给卖家,此时订单的状态会显示"交易成功"。

7.2.2　评价管理

交易流程结束后还需要对该笔交易做出及时的评价,在日常的评价管理中最主要的是做好评价回复和修改评价。

1. 评价回复

从"评价管理"进入会看到所有在有效期之内的评价后面都会有一个图 7-13、图 7-14

所示的"回复"按钮，单击该按钮可以进入图 7-14 所示的回复操作窗口，在此可以根据买家的评价或自己对交易的感受对该评价做出回复和解释。

图 7-13　评价管理界面

2. 修改评价

有时候买家会因为交易双方有一些误会和争议给出负面的评价，如果经过沟通与协商，买家愿意将中差评改为好评可以修改评价。

图 7-14　回复操作窗口

7.2.3　纠纷管理

1. 退货管理

当有买家提出退货申请的时候卖家就要根据买家的退货理由及时进行处理，一般分为已发货与未发货两种情况。

（1）买家已付款但卖家没有发货的退货申请。

这种情况处理方法比较简单，一般只要了解买家的退货理由，在双方经过协商达成一致意见后选择同意买家的退换货申请即可处理完成。

（2）买家已收到货后提出的退货申请。

当买家收到货后由于商品质量问题或者实物与描述不符等其他原因可以在交易超时前提出退货申请，卖家有15天的处理时间，如果卖家未及时处理交易将进入退货流程。

如果卖家不同意退货，交易状态将变成"卖家不同意协议，等待买家修改"，此时系统给买家的时间一般是15天，如果需再次申请则可以再次操作。如果双方未能达成一致，则"客服介入状态"将变成"需要客服介入"，淘宝客服将从申请日起30天内介入，帮助双方协商处理。

如果卖家同意申请，交易状态将变成"买家已退货，等待卖家确认收到退货"，卖家在收到买家退回的商品后只要输入支付密码，就可以完成退款，处理流程结束。

2. 投诉管理

如果买家对店铺提出交易投诉或侵权、违规的举报，系统就会将纠纷处理进程及时通知双方，此时卖家应该抓紧收集相关证据及时进行投诉处理。在对应的窗口中写明申诉原因，让处理投诉的淘宝客服尽快明白事情的原委，如有需要尽可能附上对处理投诉有利的相关图片凭证。

7.3 常用管理工具

7.3.1 淘宝助理

淘宝助理是一款免费上传和管理商品的店铺管理工具，如图7-15所示，它具有宝贝管理、交易管理与图片空间管理等功能。

1. 淘宝助理的功能

淘宝助理的主要功能有：

（1）快速创建新商品。

（2）批量编辑商品信息。

（3）批量导入与导出商品信息。

（4）批量下载订单。

（5）批量打印发货单与快递单。

（6）方便快捷地管理图片。

（7）批量发评等。

电子商务基础

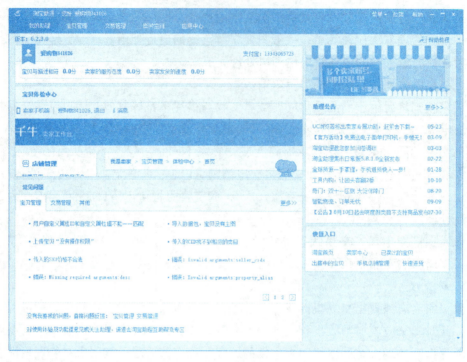

（a）我的助理界面

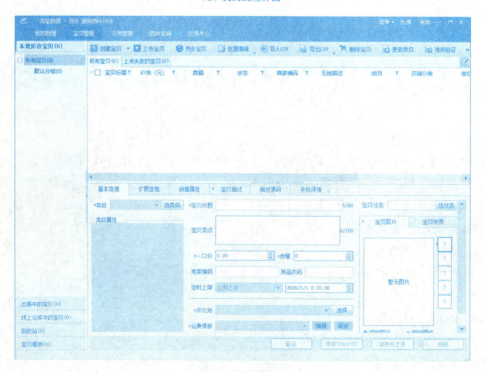

（b）宝贝管理界面

图 7-15　淘宝助理主要操作界面

第7章 网店日常管理

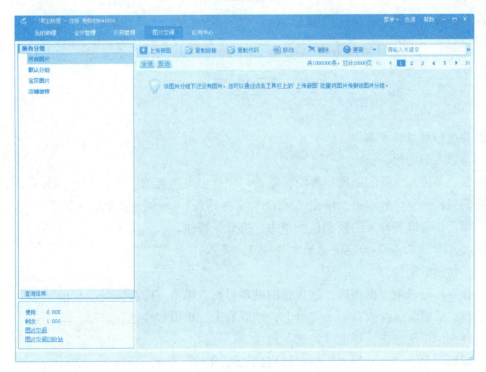

（c）交易管理界面

（d）图片空间界面

图7-15（续）

185

(e)应用中心界面

图 7-15（续）

2. 淘宝助理操作步骤

（1）导入数据包。

步骤一：进入"我的助理"界面，单击"库存宝贝"菜单。

步骤二：在空白处右击，单击"从 CSV 文件导入"（增加为新宝贝）选项。

步骤三：选取要导入的数据包，单击"打开"按钮。

注：只有以".csv"为后缀名的文件才可以导入。

（2）导出数据包。

步骤一：登录淘宝助理后，进入我的助理界面，单击"库存宝贝"菜单。

步骤二：鼠标随便放在一个宝贝上，然后右击，单击"全选"选项。

步骤三：再次右击，单击"勾选"选项。

步骤四：单击"CSV 导出"—"导出到 CSV 文件"选项。

步骤五：选择要存放在哪里，给文件夹取名。

注：导出后会出现两个文件，如图 7-16 所示。其中一个是普通的黄色文件夹，还有一个是 CSV 格式的文件。黄色的文件夹是存放宝贝图片的，CSV 格式的文件是存放宝贝数据信息的。

图 7-16　导出后的数据包

（3）批量上传宝贝。
步骤一：登录淘宝助理后，进入"我的助理"界面，单击"库存宝贝"菜单。
步骤二：选取所要批量上传的所有宝贝，在所要上传宝贝的标题前的方框中打上钩。
步骤三：单击"上传"按钮。
步骤四：选择图片要存放在哪个分类下。
步骤五：单击"上传"按钮，完成后单击"关闭"按钮。

7.3.2　千牛卖家工作台

千牛卖家工作台是网店管理的综合性平台，整合了网店日常管理的多个接口，是淘宝网店运营的必备工具（图 7-17），包含聊天、消息、插件、市场和网址五个功能模块。

图 7-17　千牛卖家工作台操作界面

1. 聊天功能模块

如图 7-18 所示，聊天功能模块是网店与卖家交流的旺旺工具软件的接口，整合了旺旺工具软件的功能。

2. 消息功能模块

如图 7-19 所示，消息功能模块汇集了网店的各种消息，主要包括生意参谋中的提示消息以及交易消息、规蜜消息、任务消息、退款消息、商品消息等。

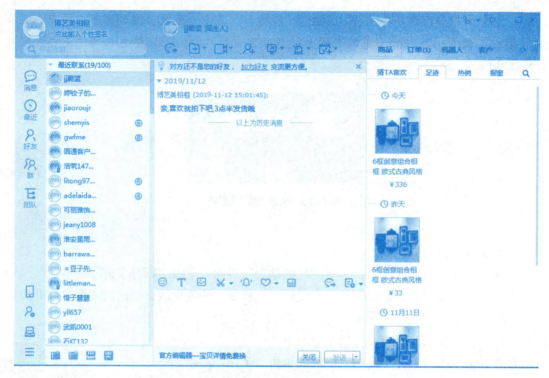

图 7-18　旺旺功能界面

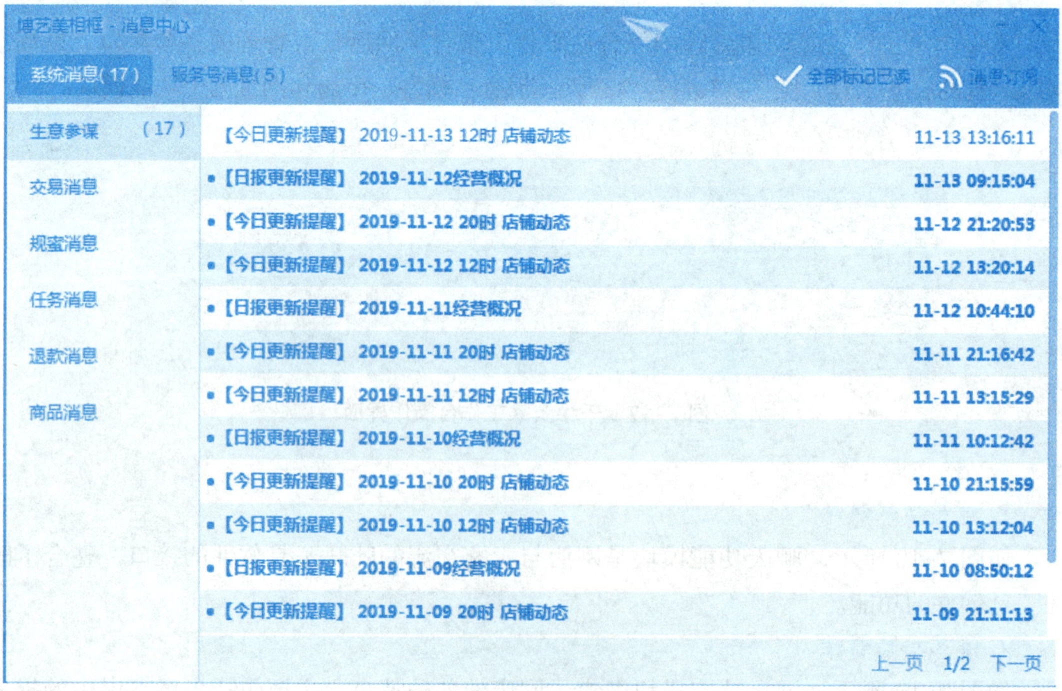

图 7-19　消息中心界面

3. 插件功能模块

如图7-20所示，插件功能模块实际是网店在日常管理过程中的一些工具软件的接口，卖家可以在这个功能模块中寻找网店日常管理时需要用到的一些后台工具软件。

图7-20　插件功能模块

4. 市场功能模块

如图7-21所示，市场功能模块可以帮助卖家查找网店日常管理时所需要的一些付费网店管理工具，它实际是淘宝服务市场的一个接入口。

图7-21　服务市场工具选择窗口

5. 网址功能模块

如图 7-22 所示，网址功能模块包含宝贝管理、店铺管理、货源中心、营销中心以及其他一些网店管理接入口，它的主要作用是进行网店的日常管理。

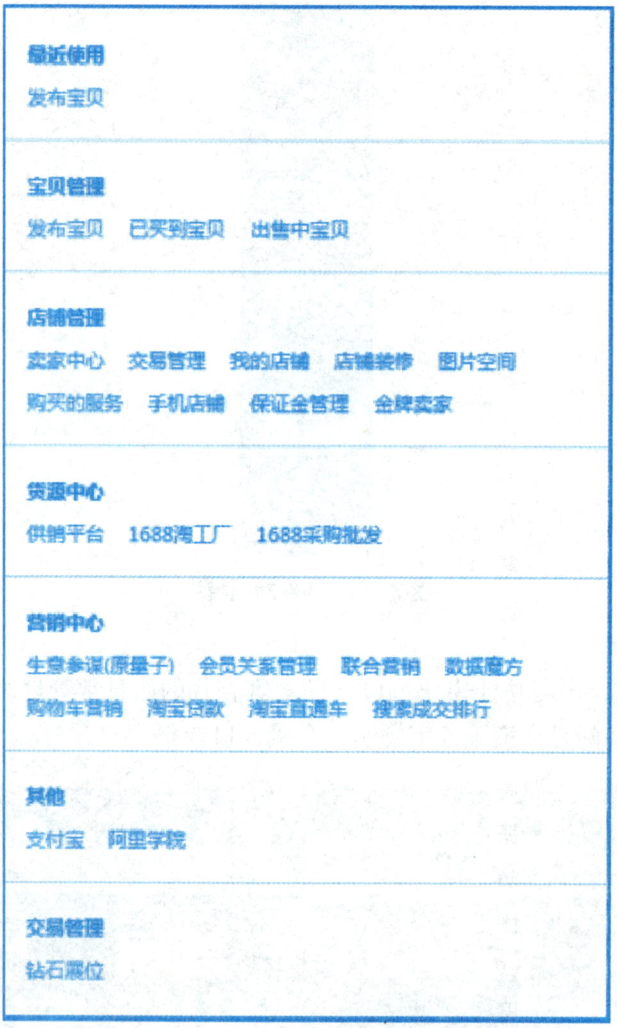

最近使用
发布宝贝

宝贝管理
发布宝贝　已买到宝贝　出售中宝贝

店铺管理
卖家中心　交易管理　我的店铺　店铺装修　图片空间
购买的服务　手机店铺　保证金管理　金牌卖家

货源中心
供销平台　1688淘工厂　1688采购批发

营销中心
生意参谋(原量子)　会员关系管理　联合营销　数据魔方
购物车营销　淘宝贷款　淘宝直通车　搜索成交排行

其他
支付宝　阿里学院

交易管理
钻石展位

图 7-22　网址界面

知识回顾

（1）商品建档的方法：本章从商品编码、商品标题、商品描述三个方面介绍了商品建档的方法。

（2）商品分类管理：本章从商品分类的方法、商品分类设置两个方面介绍了商品分类管理的内容。

（3）交易管理：包括订单管理、评价管理、纠纷管理。
（4）常用管理工具：主要介绍了淘宝助理、千牛卖家工作台两个管理工具。

1. 如何进行商品建档？商品有哪些分类方法？
2. 如何进行订单管理？
3. 你用过淘宝助理吗？它有哪些功能？

电商运营日常工作技巧

电商运营者每天都要做哪些工作呢？面对那么多工作，有什么技巧可以快而准地做好吗？很多人都知道运营店铺是一项综合度比较高的工作，并且运营者需要掌握方方面面的知识与技能，那么运营一个淘宝店铺都应该做哪些日常运营工作呢？

我们把日常运营拆分成四大部分来说：第一部分是有关店铺的一些具体工作，第二部分是从人员管理的角度说说笔者的一些经验和想法，第三部分是从流程角度说说经验，第四部分是提出一些基础但是宏观的概念，提醒大家不断提高自己的能力。

一、通过互联网做电商运营

在店铺日常工作上，有几点需要注意：
（1）知道哪些工作是每天都需要做的。
（2）有些数据在一定的周期内是需要持续观察的。
（3）在做活动时有些数据需要持续地关注。
（4）必要时拓展渠道有助于销售额的提升。
（5）当有些工作可以被技术手段替代时，及时将该工作交给技术工具。

合理分配时间后，这些工作不会浪费很多时间，却可以帮助你了解店铺目前的情况。做运营离不开这样一个众所周知的公式：

$$销售额 = 流量 \times 转化率 \times 客单价$$

二、店铺销售运营规划

只要做好每日必做和阶段性的工作，活动的进行就水到渠成了。无非是做好时间方面的规划和准备，让伙伴们在合理的时间范围内有条不紊地推进活动进度。

三、拓展新渠道

当你在一个渠道已经做得非常顺畅时，不妨着手拓展更多渠道。当你的几个旗舰店都已经正常运转时，不妨提前思考开设更多的专营店、专卖店和拓展其他分销商。这里的思考其实着重点在于，消费者明明可以在一个店里买齐东西，为什么要在搜索的时候看那么多店？这些店的区别（差异化）在哪里？是否产品不同？价格或活动机制有什么不同？销售地域有什么区别？服务有什么区别？有了差异化，自然可以分流不同需求的消费者。

在这里，强调两点：

（1）运营一定要站在消费者的立场上全流程地体验自身的产品、服务和流程，发掘不合理的地方，同时提出新建议。例如，自身网站的登录注册流程如何？在引导用户补充全自己的信息时，引导是否做得足够好？

（2）既然运营每天都要看数据，是否可以在合理的时间，把这些耗人工非常大的日报、周报等工作通过系统的手段缩减人力？

所有的管理最后都会落到执行人上，而现在大部分企业都面临的问题之一就是好像永远招不到合适的人。

参考文献

[1] 宋文官,徐继红.电子商务概论——理论、实务、案例、实训[M].大连:东北财经大学出版社,2013.
[2] 陈月波,刘海,张媛,等.电子支付与交易安全[M].北京:人民邮电出版社,2011.
[3] 瞿彭志.网络金融与电子支付[M].北京:化学工业出版社,2014.
[4] 陈德人,徐林海,桂海进.电子商务实务[M].2版.北京:高等教育出版社,2014.
[5] 陈月波.电子支付与网上金融[M].北京:中国财政经济出版社,2009.
[6] 章炳林.电子商务概论[M].北京:中国水利水电出版社,2011.
[7] 陈新林.电子支付与网络银行[M].大连:大连理工大学出版社,2008.
[8] 杨泳波.电子商务基础与实务[M].2版.北京:北京理工大学出版社,2019.
[9] 白东蕊.电子商务基础[M].北京:人民邮电出版社,2018.
[10] 薛雯霞,杨从亚,周彬.电子商务基础与创业实务[M].天津:天津大学出版社,2017.